U0672883

中国大城市居住结构优化对策研究

——基于实证样本的思考

张 昊 梁 庄/著

中国建筑工业出版社

图书在版编目（CIP）数据

中国大城市居住结构优化对策研究：基于实证样本的思考 / 张昊，梁庄著. —北京：中国建筑工业出版社，2023.10

ISBN 978-7-112-28732-1

Ⅰ. ①中… Ⅱ. ①张… ②梁… Ⅲ. ①大城市—居住空间—研究—中国 Ⅳ. ①D669.3

中国国家版本馆CIP数据核字（2023）第085654号

责任编辑：刘　静
责任校对：张　颖
校对整理：赵　菲

中国大城市居住结构优化对策研究
——基于实证样本的思考
张　昊　梁　庄　著

*

中国建筑工业出版社出版、发行（北京海淀三里河路9号）
各地新华书店、建筑书店经销
北京锋尚制版有限公司制版
建工社（河北）印刷有限公司印刷

*

开本：787毫米×960毫米　1/16　印张：10¼　字数：137千字
2023年7月第一版　2023年7月第一次印刷
定价：**48.00**元
ISBN 978-7-112-28732-1
（41172）

版权所有　翻印必究
如有内容及印装质量问题，请联系本社读者服务中心退换
电话：（010）58337283　　QQ：2885381756
（地址：北京海淀三里河路9号中国建筑工业出版社604室　邮政编码：100037）

序

本书的研究完成于十余年前，当时我负责清华大学建筑学院住宅与社区研究所的工作。1998年全面停止公房建设后，尤其是自2002年土地招拍挂制度推行之后，在市场的驱动下，住房发展迅猛，由此也引发了一系列深层次的问题，如房价增长过快、开发建设在城市中的布局不合理、产品结构与全社会的需求不对称等。2004～2007年间，政府采取了一系列旨在调控房地产市场的政策措施，如新旧"国八条""国六条"等，力求改善当时的住房发展状况，但当时由于经济等多方面的原因，这些政策的总体效果有限，一些问题一直延续至今。张昊博士的博士论文研究是当时的住宅与社区研究所系列研究的一部分。

随着我国城市住房问题日益增多，居住空间的分异与城市居住结构的相关研究引发了学界、政府和社会的关注。本书从人文地理学、城市社会学及公共政策学等多学科的视角进行研究，结合我国大城市居住现状的特点，从三个核心概念入手，分别是住宅产品构成、就业与居住区位及公共服务设施，赋予中国大城市居住结构新的理论内涵。本书还对我国济南和南京两个典型大城市进行了深入的实地考察研究，通过问卷调查的方式，对案例城市居住结构的现状问题进行分析和归纳，明晰了大城市可持续的居住结构的概念，并结合案例城市居住结构的现状给出了相关优化对策的建议，不失为一种重新审视居住问题的更为全面、综合的视角。

今天看来，这一研究在当时提出的大城市多层次住房供应体系的观点等具有前瞻性。2020年中央经济工作会议特别提出，要着力解决好大城市住房的突出问题，尤其要注重保障性租赁住房问题。这与本书的观点不谋而合。本书关于中国大城市居住结构一系列实证样本的考察和优化建议，将为中国大城市住房问题研究提供具有实际意义的帮助与参考。

清华大学建筑学院　　张杰

2022年3月

目录

第 1 章

引言

1.1　问题提出

经过改革开放几十年的发展，到2018年末，中国城镇居民的人口从1.9亿人猛增到了8.3亿人，城镇居民人均住房建筑面积已经达到39平方米，比1978年增加32.3平方米[①]，可见中国住宅建设量增长之惊人。自改革开放以来，中国的城市住宅政策和规划也经历了翻天覆地的变化：从最初的优惠出售公有住宅试验，发展到如今针对不同收入层次的居民的住宅政策，包括市场主导的商品房、政府主导的限价房和廉租房等；从里程碑式的"住宅小区建设试点"到如今的"绿色住宅""生态社区"的居住区规划理念，无一不见证了"居住改变中国"的辉煌历史。

城市住宅建设飞速发展的同时，中国的城镇化和城市社会结构亦处于巨变时期。一方面，自20世纪90年代中期城镇化水平突破30%后至今，年均以1.3~1.5个百分点的趋势递增，预计到2030年城镇化水平将达到70%。另一方面，随着我国社会主义市场经济的逐步建立和国民经济的迅速发展，城市居民生活水平明显提高，但同时，随着收入差距的扩大，城市居民的社会结构也在发生迅速的分化[②]。

在城镇化和社会分层的背景下，中国当代城镇的居住问题，尤其

[①] 国家统计局. 建筑业持续快速发展城乡面貌显著改善——新中国成立70周年经济社会发展成就系列报告之十［R/OL］.（2017-07-31）［2023-04-04］. http://www.stats.gov.cn/xinwen/2019/07/31/content_5417485.htm.

[②] 从基尼系数来看，改革开放以前，中国城镇居民家庭人均收入的基尼系数为一直在0.1与0.2之间，1994年基尼系数为0.37，目前基尼系数已达到0.45。可见近年来，中国的贫富差距都有了大幅度的上升，这已经超过了国际上通常认为的基尼系数在0.3~0.4的程度。从恩格尔系数来看，1978年中国城镇居民的恩格尔系数为57.5，1992年为52.9，2002年为37.7，2020年为29.2。中国居民的恩格尔系数仍然偏高，说明中国的贫困阶层较大。现阶段中国城市居民家庭收入分层，约有50%的家庭居于下层和中下层水平上，中等收入层明显缺少，仍然是一种金字塔形结构。

是大城市的居住问题也逐渐突出。1990年之后，中国的大城市迅速发展，数量猛增，表现为大城市人口占全部城镇人口的比重迅速上升，大城市的平均规模迅速扩张，并形成了以经济为纽带的若干城市群落。1990～2010年，大城市占中国城镇人口的比重由25%提高到41%[①]。在未来的几十年，人口将继续向大都市圈、城市群集聚，中国大城市的居住问题不容忽视。

1.1.1　中国当代大城市的居住问题

1．住宅产品的构成

首先是居住资源的配置与管理问题，也可简单地归纳为住宅产品构成的问题：住房价格居高不下，供不应求和供过于求并存，住房政策与住房市场体制不完善，导致低收入住宅与廉租房严重缺乏。

几十年的住房改革和住宅房地产的发展形成了一个基本的中国城镇住宅供应层级市场，其中主要分为以下两个部分。①商品住宅产品，主要是由市场主导的。按照房屋品质划分为高档商品房（别墅、高档公寓等）及普通商品房；按住宅产品的供应层级，可划分为一级住房市场和二级住房市场，其中二级住房市场包括二手住宅销售市场和住房租赁市场。②由政府主导的保障性住宅，主要包括三种：经济适用房、廉租房和公租房[②]。自2001年以来，城镇住宅的价格一路攀升，许多大城市如北京、上海、广州等地，目前城市的普通工薪阶层已经基本无力负担一套全新普通三居或二居商品住宅的价格。此外，从国家统计局发布的2021年房地产行业发展情况可以看出，2021年末，我国商品房待售面

[①] 联合国开发计划署. 中国人类发展报告2013［M］. 北京：中国对外翻译出版有限公司，2013：20-21.

[②] 2010年经济适用房退出住房市场，2010年公租房加入保障性住房体系，2014年公租房与廉租房并轨为公共租赁住房。

积①51023万平方米，比11月末增加858万平方米。其中，住宅待售面积增加480万平方米，高档住宅和普通的大户型住宅是这些空置房的主要构成部分。住宅商品房的总价及其空置率的持续走高，让一部分专家和业内人士认为住宅市场存在不可避免的泡沫。目前，二手房的销售和住房租赁市场普遍缺乏统一、有效的管理，同时也缺乏房地产市场联动作用机制，从而导致住房存量资源流动性较差。另外，个人住宅房产的自行出租零星分散，相关职能部门管理存在缺位，房地产经纪机构鱼龙混杂，缺乏协作与信息垄断等，导致市场服务的满意度不高。

在面向中低收入群体的保障性住房方面，据统计，截至2006年年底，虽然全国六百余个城市中大约有85%以上的城市已经建立了廉租住房制度，累计用于廉租住房建设的资金达到70多亿元，但与之相比，全国房地产总投资额仅2005年一年就将近16000亿元。尽管国家一再发文强调"要重视解决低收入家庭的住房困难，积极推进廉租住房制度建设，多渠道筹集廉租住房资金，扩大廉租住房制度保障范围"，但截止到2007年，全国范围内仍未做到明确土地出让净收益与廉租住房建设比例的地级以上城市仍有160余个；绝大多数国内城市还未在廉租住房制度建设中享受到土地出让的净收益，廉租住房的建设进展十分缓慢，作用有限。对于面向中低收入人群的经济适用房，尽管它应当是这部分人群住房的第一选择，并且还承担了一定抑制房价的作用，但随着时间推移，经济适用房的开发在新建住宅建设中的占比越来越小，其开发投资额占比也逐渐下降②，2010年几乎退出住房市场（图1-1、图1-2，表1-1、表1-2）。

---

① 2010年左右，国家统计局将原来公布的房地产空置面积改为待售面积。

② 据《2007中国统计年鉴》数据，经济适用房新开工房屋面积占住宅总量从2000年的20%多锐减到2005年的不到10%，而房地产开发投资中经济适用房占全部住宅投资总额也从2000年的17%减少到2005年的5%。2010年前后国家统计局已不再统计经济适用房相关数据。

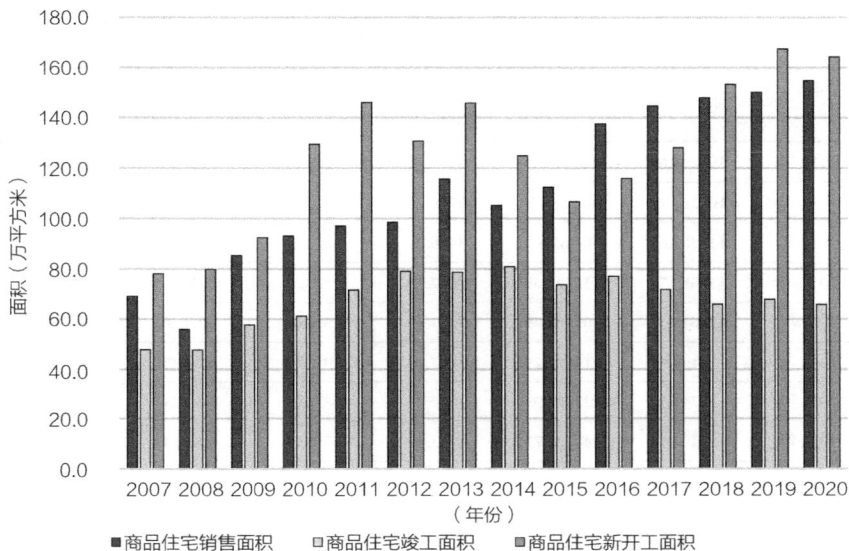

图1-1　2007～2020年全国商品住宅销售面积、竣工面积、新开工面积（单位：万平方米）

资料来源：根据《2021中国统计年鉴》绘制。

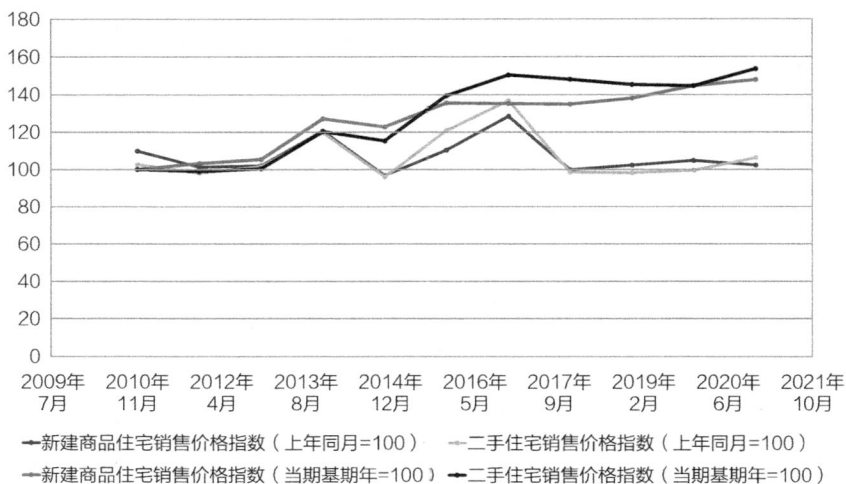

图1-2　2009～2021全国70个大中城市商品住宅销售价格指数趋势

资料来源：根据《2021中国统计年鉴》绘制。

2010～2020年按用途分商品房屋销售面积（单位：万平方米） 表1-1

年份	商品房销售面积	其中				
		普通住宅	别墅、高档公寓	办公楼	商业营业用房	其他
2010 年	104764.65	93376.60	4219.10	1889.97	6994.84	2503.24
2011 年	109366.75	96528.41	3729.93	2004.97	7868.65	2964.71
2012 年	111303.65	98467.51	3476.00	2253.65	7759.28	2823.21
2013 年	130550.59	115722.69	3632.03	2883.35	8469.22	3475.33
2014 年	120648.54	105187.79	3047.35	2505.45	9076.93	3878.37
2015 年	128494.97	112412.29	3487.40	2912.59	9254.79	3915.29
2016 年	157348.53	137539.93	4470.00	3826.22	10811.96	5170.43
2017 年	169407.82	144788.77	4743.44	4756.21	12838.14	7024.70
2018 年	171464.60	147759.59	4417.77	4365.95	11932.95	7406.11
2019 年	171557.87	150144.32	3909.73	3722.76	10172.87	7517.92
2020 年	176086.22	154878.47	—	3734.33	9288.46	8584.97

资料来源：《2021中国统计年鉴》。

2010～2020年按用途分商品房屋平均销售价格（单位：元/平方米）表1-2

年份	商品房平均销售价格	其中				
		普通住宅	别墅、高档公寓	办公楼	商业营业用房	其他
2010 年	5032	4725	10934	11406	7747	4099
2011 年	5357	4993	10994	12327	8488	4182
2012 年	5791	5430	11460	12306	9021	4306
2013 年	6237	5850	12591	12997	9777	1007
2014 年	6324	5933	12965	11826	9817	5177
2015 年	6793	6473	15157	12914	9566	4845
2016 年	7476	7203	15911	14332	9786	4832
2017 年	7892	7614	14965	13543	10323	5364
2018 年	8726	8553	16252	14379	10903	5336
2019 年	9310	9287	17886	14315	10952	5074
2020 年	9860	9980	—	15138	10646	4787

资料来源：《2021中国统计年鉴》。

2．就业与居住区位

在大城市新区，大幅度增加的居住用地占城市用地的比例相当高，呈现典型的住宅郊区化现象。经过十余年的建设和发展，城市新区的人口迅速上升，人口在数十万及以上的城市新区或新城比比皆是。

以北京为例，2019年，全市新建商品住房上市8.73万套，同比增加3.2%[①]。截止到2019年，北京市城镇人均住房面达到32.54平方米[②]。其中北京市政府于20世纪80年代中期开发的望京地区，是在市区内开发的最大的居住片区，其居住区规划总用地面积达到了800多公顷，目前总居住人口已经超过40万人，人均居住面积约为40平方米。

以上海为例，20世纪80年代，上海的住宅建设发展逐步加快，住宅的发展主要从三个方面展开[③]：①主要在市区边缘的城乡接合部和浦东新区，环形蔓延至约270平方千米的范围，建设了70余个居住区，主要是在原市区周边住宅新村基础上的扩展，浦东新区规划的新建住宅约4000万平方米；②主要在卫星城和城市远郊建设以住宅为主的新村，规划新建住宅的规模约400余万平方米；③在市中心的旧城区进行改造，规划新建住宅的规模超过800万平方米。由此可见，在城市郊区的住宅建设占到上海住宅建设总量的75%以上。从1980年到1995年的十余年间，合计新建住宅的面积高达8400万平方米，为中华人民共和国成立后的上海三十余年的住宅建设总量的4倍之多。

以广州郊区"居住城"的开发为例。广州的房地产开发近些年来呈现出一种新的趋势——有实力的开发商在市郊进行"超大"楼盘的开发，以番禺区的华南板块为例，华南碧桂园开发规模为173公顷、锦绣

① 数据来源：《2020北京住房和城乡建设发展白皮书》。

② 数据来源：《2020北京市统计年鉴》。

③ 黄吉乔. 上海市中心城区居住空间结构的演变［J］城市问题，2001（4）：33-34.

香江花园为267公顷、华南新城为300公顷、祈福新村为433公顷等。这成为广州郊区形成大规模"居住城"的直接因素。

　　随着上述大城市居住区郊区化的进程，土地使用制度和住房制度逐步改革，原有的土地使用模式发生了变化，许多大城市形成了土地价格与商品房价格的环状空间布局规律，从城市的中心区向外逐步递减，城市中心区用地被第三产业逐步占据，大量工业企业和居民外迁。上述的变化带来了城市人口的激增，职住分离现象逐步显现（图1-3），导致居民出行的总量与平均距离显著增长，城市交通的主导模式也从非机动化（步行和自行车）向机动化转变。面对城市扩张带来的巨大的交通需求压力，大城市通常主要依赖新建、改建道路等方式来扩大交通供给，然而对于高效率的公共交通的发展一直缺乏足够的重视。这种以机动车为主导、扩充道路容量为主要手段的交通发展政策，实际上很难达到缓解交通拥堵的目的，却往往适得其反，会诱导更多的机动车出行，导致更大程度的交通拥堵。与此同时，大城市的公共交通服务水平不足，非机动车使用空间被机动车空间大量压缩，城市交通的公平性失衡问题日益严重。

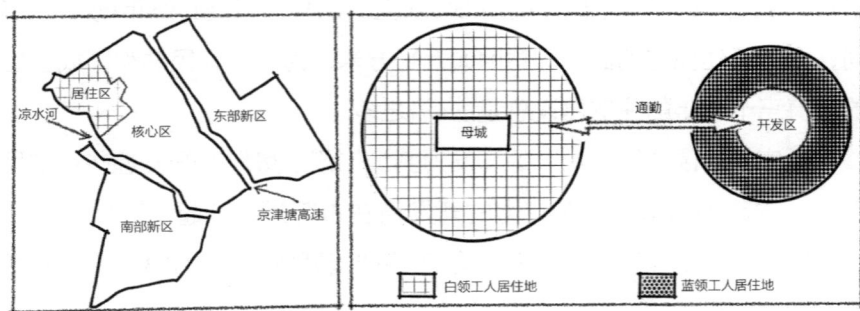

图1-3　北京经济技术开发区的职住分离现象图示

资料来源：郑国. 开发区职住分离问题及解决措施——以北京经济技术开发区为例 [J].
城市问题，2007（3）：14.

此外，许多大城市在新区建设发展中，常见的情况就是某类单一用地功能占比过大，如工业用地（工业园区）、住宅用地（超大规模的居住片区）、教育用地（大学城）等，再加上公共交通建设滞后，往往无法满足城市新区对外出行的需求。用地功能上的单一，也是新区产生潮汐式交通的主要原因。在我国许多大城市向外扩张的过程中，职住分离是一种相当普遍的现象。大城市的中心区依然对外围有着十分强烈的向心吸引力，郊区的人口规模迅速增长，居民的通勤总量也产生显著的增长，早晚潮汐式向心通勤特征十分明显。以北京为例，南中轴快速公交系统早高峰小时进城方向的最大断面客流量是出城方向的最大断面客流量7倍之高。这种潮汐式通勤的主要因素，是南中轴沿线主要布置了大量的居住用地，而这些居住用地中就业人口的就业区域又散布在市中心各个地区[①]。实际上，在北京和国内其他大城市，这种由于走廊沿线用地不均衡所造成的潮汐式交通流都非常普遍，其结果就是城区与近郊区之间主客流方向的通勤非常拥挤，而走廊非主客流方向交通设施的利用效率却偏低。

由此可见，大城市居住结构的职住分离现象十分普遍，带来了日益严重的交通问题。这个问题在国内大城市尤其是新城（或开发区）建设速度较快的大城市中尤为明显。

3．公共服务设施发展

长期以来，关于居住区公共服务设施的讨论仍然延续了邻里单元的概念，基本按照逐级向下等级结构，分为居住区、居住小区及居住组团。这种规划思想的本质是把居住人口考虑为社会属性"匀质"的人群，其中在居住区公共服务设施配置中的"千人指标"，尤其是关于商

---

① 郑国. 开发区职住分离问题及解决措施——以北京经济技术开发区为例 [J]. 城市问题，2007（3）：13.

业服务设施的"千人指标"开始逐渐成为规划界争议的对象①。

"千人指标"的规划标准有着其自身的优势所在，可以迅速确定对应的各级商业项目所需要的面积规模，以达到分级配套的要求，但是缺点也十分明显，规划的弹性较小，并且在户均建筑面积与人口增减计算上也缺乏合理的标准。在过去几十年中，"千人指标"作为一种规范手段和量化工具，实际上是适用于商品流通渠道和价格形式单一、居民的购买行为相对模式化的一种状态。在规划实践中，商业空间对建筑空间的要求是复杂和多元化的，全国各地也在详细规划的实践探索中采用了"商住混合用地"概念，以应对开放流动的市场。

新版《城市居住区规划设计标准》（ GB 50180—2018 ）的发布实施，摒弃了原有的居住小区及居住组团的概念，新增了十五分钟生活圈居住区、十分钟生活圈居住区、五分钟生活圈居住区及居住街坊的概念。这在原有的居住小区和居住组团的划分上更加细化了居住单位规模的划分等级，并且详细给出了不同居住单元对应的各类配套设施的规模建议。这种以步行可达距离为居住单元划分标准的方式，尽管也未能跳脱出"千人指标"的传统思想，但无疑是一种更新的尝试。这种方式在规划实践中的表现还需拭目以待。

而且，正如前文所述，在城市住宅快速发展的过程中，大城市居住区郊区化的现象十分明显。城市新区居住区由于发展时间相对较短、居民人口规模较大，公共服务设施的问题更为明显和突出。以北京回龙观地区为例②，在回龙观居住区建设的初期，其一期已建成了三个较大规模的生活超市，基本能满足一期居民的购物需求。但二期和三期由于管理机制和建设时序原因，尽管提前预留了商业设施用地，但仍未开工建设，其居民的社

---

① 医疗和教育配套不均衡的问题主要是由于各自体制的问题导致，规划的干预作用相对较小。

② 李成磊. 北京边缘集团商业空间结构研究——以回龙观、望京、方庄为例 [D]. 北京：清华大学，2006：91-95.

区商业需求在很长一段时间里都无法得到满足，其他的服务设施建设也同样严重滞后。作为新区开放建设的代表之一，回龙观地区发展前期的公共服务设施问题在中国大城市新区居住区中具有相当的典型性。

此外，一些社会公共资源如公共服务设施等明显向高档居住区倾斜，居民收入水平较低的社区容易被社会公共资源边缘化——居住分异的结果是导致社会公共资源无法实现公平化。这说明，在居住区公共服务设施规划方面，对促进社会整合、实践社会公正、应对社会各个群体的多元需求的关注度仍是非常匮乏的。

1.1.2 城市居住问题对策的失效

1. 政府宏观政策

自1979年开始，中国进入了以改革开放为主导方针的持续快速发展时期，住房制度改革起始于1980年邓小平关于住房问题的讲话①，这番讲话拉开了住房制度由"计划经济"向"市场经济"逐渐转型的序幕。1998年，国务院发布《国务院关于进一步深化城镇住房制度改革加快住房建设的通知》（国发〔1998〕23号），该文件宣布全国城镇从1998年下半年开始停止住房实物分配，全面实行住房分配货币化，同时建立和完善以经济适用住房为主的多层次城镇住房供应体系。为了促进房地产市场更好、更快地发展，2003年发布的《国务院关于促进房地产市场持续健康发展的通知》（国发〔2003〕18号）提出，各地要根据城镇住房制

---

① 改革开放之前，中国实行"统一管理，统一分配，以租养房"的公有住房实物分配制度。但到1980年左右，政府就已无力提供更大量的住房以使此政策延续下去。1980年，邓小平在关于住房问题的讲话中说："要考虑城市建筑住宅、分配房屋的一系列政策。城镇居民个人可以购买房屋，也可以自己盖。不但新房子可以出售，老房子也可以出售。可以一次付款，也可以分期付款，十年、十五年付清。住宅出售后，房租恐怕要调整。要联系房价调整房租，使人考虑买房合算。"见韩援. 解决商品房价问题、促进住宅市场健康发展［J］. 城市问题，1997（3）：3.

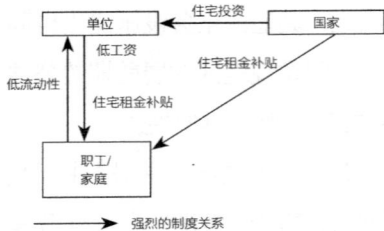

图1-4　计划经济制度下的住房供应　　　图1-5　市场经济制度下的住房供应

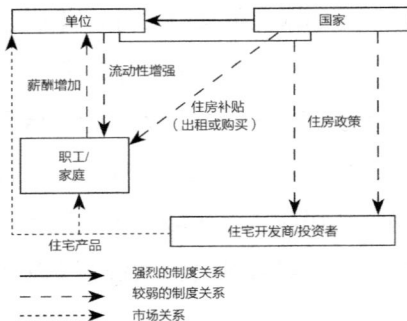

度改革进程、居民住房状况和收入水平的变化，完善住房供应政策，调整住房供应结构，逐步实现多数家庭购买或承租普通商品住房。在中国全面推进社会主义市场经济的背景下，历经几十年住房制度的改革发展，住房市场已成为中国国民经济的重要构成部分，住房已经由完全福利性向商品化、社会化转移（图1-4、图1-5）。

　　由于住宅商品化推行以来房价一路攀升，2004年建设部就曾表示将要"调整住房供应结构支持中低收入家庭购房，包括限制非住宅及高档和大户型住房建设，加大中低价位普通商品房、经济适用房建设等措施"，在接下来的十余年里，国家进行了一系列住房政策的重大调控。国家宏观政策在"十二五"规划中提出，未来五年要加大保障性安居工程建设力度，加快棚户区改造，发展公共租赁住房，增加中低收入居民住房供给；在"十三五"规划中提出健全多层次需求的住房供应体系，优化住房供需结构；在"十四五"规划中，住房依然是重要的组成部分，其中住房保障部分涉及公租房、棚户区改造和农村危房改造三个方面，另外还强调积极推动改善住房条件，包括保障性租赁住房、共有产权住房、城镇老旧小区改造和住房公积金四方面内容。然而政府宏观调控在实践中的结果却不尽如人意：国内大城市的商品房价格涨幅得到了一定的控制，但商品房价格依然一路走高。在保障性住房的政策及开发中存在着各种各样的问题，各大新闻媒体的报道如"从购经济适用房排队着魔看政府责任""经济适用房并不经济，住宅成本急需降低"等不计其数。广大购买、入住保障性住房的中低收入群体居民对房屋质量、小区环境、交通、就医、购物及子女教育等多方面问题提出种种质疑。面向中低收入群体的经济适用房和廉租房面临着"叫好不叫座"的尴尬局面。

2．城市规划干预

我国20世纪50年代初处于经济恢复时期，住宅建设的目标是在资金有限的条件下快速建造和容纳尽可能多的家庭。苏联的标准化设计方法和居住区形式被广泛运用，住宅建筑工业化的特点是降低成本和节约劳动力，大量、快速、廉价地提供城市住宅，这种标准化的住宅设计带有明显的计划经济色彩。在"文化大革命"前期，我国住宅的设计标准持续降低，进一步压低造价和质量，住宅面积狭小、质量低下，甚至失去实用性。苏联居住区规划的一些思路被引进国内，并在某些城市付诸实践，这类规划思想被认为是一种社会主义意识形态在城市社会结构上的反映。意识形态与相应的行政系统配套，居住区一般由三至四级结构组成。改革开放之后，在住房规划建设方面，在住房商品化政策的引导下，居住区规划与住宅设计不再受原来的计划经济体制约束，提倡更高的居住文明标准，在规划上更注重环境质量和功能的完善。这里就不得不提到前文所述的"千人指标"的概念。1980年开始施行的《城市规划定额指标暂行规定》规定了各级居住单元的公共建筑指标，包括公共建筑的一般规模和千人指标，为居住区配套设施的合理规划提供依据。快速经济发展带来的城市居民社会阶层的分化也使得居住区规划与住宅设计从供给驱动逐渐转向需求驱动。

从目前的城市规划干预来看，导致居住结构现状问题的最主要原因就是居住规划中社会因素的缺失。在城市总体规划中，对居住用地的考虑主要放在总量控制和简单的区位选择两个方面。虽然对居住用地有R1、R2、R3、R4等级分类，但主要是按居住建筑的质量和形态分类，并且基本以R2为主。从详细规划层次来看，对居住用地主要是控制容积率和建筑物形态两个方面。城市规划的两个主要控制层次中都缺少对社会因素的考虑。而在过去很长一段时间里，规划实践遵循的2002年版的《城市居住区规划设计规范》（GB 50180—1993）中，延续了邻里单位的思想，按照严密的等级结构，从居住区、居住小区到居住组团①逐级划分。在配套设施规划的过程中，往往把人口当作社会属性的"匀质"人群。随着居住区规划的"千人指标"逐渐成为规划界争议的对象，许多学者开始逐步意识到传统居住规划过于重视物质空间而忽视社会层面的因素、偏重工程技术而忽视公共政策的局限性所在，而这种局限性正是前文提到的居住空间规划布局问题的根源之一。

可见，无论是有针对性的政府住房政策还是城市住房建设规划，目前都存在一定弊端，在当今城镇住房飞速发展的时代将面临严峻的挑战。

1.2　研究内容与概念界定

本书从我国大城市居住的现状问题出发，查找解决问题对策失效的症结所在，并通过借鉴国内外经验和对我国现状经济社会环境的剖析，探索我国大城市居住结构优化对策的有效运作之路。研究以问题为导

---

① 参见《城市居住区规划设计规范》（GB 50180—1993，2002年版）第1.0.3条。

向，力图通过实践的归纳构建适宜我国大城市居住结构及其优化对策的运作框架，探索合理解决城市居住问题的新思路。

需要说明的是，本书最终的落脚点并非试图构建一个理想、完整的城市居住结构的优化方案和体系，而是针对我国大城市居住问题的现实困境，提供一种较为综合、全面、可持续的城市居住结构视角的分析方法，并在此基础上给出我国大城市居住结构优化对策可供选择的途径。

本研究涉及的核心概念界定如下。

（1）大城市①

中国在城市统计中对城市规模的分类标准如下②：城区常住人口50万以下的城市为小城市，其中20万以上、50万以下的城市为Ⅰ型小城市，20万以下的城市为Ⅱ型小城市；城区常住人口50万以上、100万以下的城市为中等城市；城区常住人口100万以上、500万以下的城市为大城市，其中300万以上、500万以下的城市为Ⅰ型大城市，100万以上、300万以下的城市为Ⅱ型大城市；城区常住人口500万以上、1000万以下的城市为特大城市；城区常住人口1000万以上的城市为超大城市。如不作特殊说明，下文中对于大城市居住结构的研究包括城区常住人口100万以上的中国的大城市、特大城市和超大城市。

（2）城市居住结构③

城市居住结构指各个社会群体居住区在城市空间中的具体地理区位、不同社会群体居住区之间所形成的相互影响和作用的多层次性的空间关系，以及该空间关系所反映出的社会关系。居住结构是地理空间结构和社会空间结构的叠加。居住结构由以下几个要素构成：居民收入、

① 中国城市规划设计研究院，建设部城乡规划司. 城市规划资料集第2分册：城镇体系规划与城市总体规划[M]. 北京：中国建筑工业出版社，2005：61-62.

② 参见《国务院关于调整城市规模划分标准的通知》（国发〔2014〕51号）。

③ 相关理论的论述见第2章中国大城市居住结构的理论认识。

居民职业、家庭周期、住宅产权、住宅环境、住宅价格、住宅面积和套型。用于分析大城市居住结构的三个核心层面分别是：①住宅产品构成；②就业与居住区位；③公共服务设施。

（3）城市居住结构优化对策

城市居住结构优化对策可以认为是广义的住房政策，包括狭义的宏观住房政策和城市规划干预两方面含义。居住结构优化对策包括对住宅产品构成的调整措施（即住房相关的政策和分配供给制度）、就业与居住区位的合理布局以及对居住区公共服务设施的综合统筹规划等。

1.3　研究意义

以往对于中国城市居住问题的研究不在少数，但较少有从城市居住结构的综合视角透视居住问题的研究，并且以往研究往往局限于针对某一特定的居住问题的解决对策。本书的研究意义主要可归纳为以下三点。

（1）理论研究。采用了较为宏观、综合的结构性视角对大城市居住问题进行研究，开拓了中国大城市居住结构及其优化对策研究的综合性视野，赋予城市居住结构在中国大城市现实背景下的新内涵。

（2）案例实践。通过大量的案例城市实地调查研究，采集一手数据，利用城市社会学、人文地理学方法进行城市居住结构的分析，为中国大城市居住结构的研究提供宝贵的城市研究素材。

（3）规划方法。扩展了城市规划的决策范畴，由关注物质空间扩展到更广泛的社会空间问题，由单纯的工程技术转变为面向政策选择和实施管理的公共政策，并且提供了社会研究、现状评估、目标制定和政策规划的相对具体的方法。

1.4 研究方法与研究框架

1.4.1 研究方法

本研究以城市规划、城市地理学和城市社会学理论为主要依据，以系统、综合的认识观为指导，以国内外文献整理和案例分析为手段，以一手案例调查研究为基础，建立集信息采集、资料分析和案例调查于一体的研究方案。

回顾国内外学者对城市居住结构的研究，均是源于典型城市案例的调查研究，如古典生态学派对芝加哥的城市研究、现代生态学派对多伦多城市的研究，以及国内学者如王兴中对西安城市的研究、许学强对广州城市的研究、冯健对北京城市的研究等。案例研究是一种常见的解释社会现象的研究方法，它具有"在现实背景下研究当代现象"的特性[①]，适合本研究中的研究对象——城市居住结构，这也是众多学者都从案例城市出发进行研究的原因所在。本书对城市居住结构的研究也采取案例研究的方法，选取典型的城市案例，采取资料收集、问卷调查和访谈相结合的方法了解案例城市的背景，从住宅产品构成、就业与居住区位及公共服务设施三个层面分析中国大城市居住结构的现状和问题。

本书对城市居住结构优化对策的研究建立在回顾城市空间结构规划理论发展和借鉴城市居住结构优化对策国际成功经验的基础上，研究尝试运用综合、全面的视角，从社会经济环境的政策制度和居住相关交通、公共设施布局的规划方法出发探寻中国大城市居住结构优化对策的可行思路。

---

① YIN R K. Case study research: design and methods [M]. California: Sage Publications, 2003: 189-190.

1.4.2 案例选择

中华人民共和国成立后，中国大城市内部居住空间结构的变化与发展主要分为两个阶段[①]。

（1）中华人民共和国成立初期到20世纪80年代末。中华人民共和国成立初期，当时的经济战略目标是优先发展工业，政策的指导方向是要先生产、后生活。国家重点投资钢铁、石油等制造业，在很多城市尤其是大中城市的郊区开始建设工业区。为了满足工人们的居住需求，工业区周边逐渐形成了大量的工人新村，这种职住模式大幅度减少了工人们的通勤时间，缓解了城市的交通拥堵。

与此同时，包括北京在内的国内一些大城市开始在城市近郊边缘建设卫星城，逐步疏解中心城区的居住需求，城市居住空间开始向郊区扩展蔓延。而城市中心区还保留着以单位大院为主体的基本居住单元。这些大院式的居住单元的特点是职住功能高度混合，各单元之间有着严格的用地界线并以围墙作为分隔。大院式的居住单元内部长久以来实施的是福利分房制度，按职务、级别等条件论资排辈分配，居民仅有很小的选择权。

工人新村、单位大院和以居住功能为主的卫星城形成了城市居住空间结构的显著特点，基本是以围绕单一的政治中心为主，并且呈同心圆形式分布。

（2）20世纪90年代至今。改革开放的背景使得城市面貌和经济发生巨变，但城市土地使用和住房分配仍延续以往的机制，因而在改革开放的初期，城市居住空间结构并没有发生太多变化。直到1987年，以深圳、上海、天津、广州等为首的国内一些大城市开始试行土地使用权的有偿出让和转让，其意义深远。伴随着城市土地有偿使用制度的建立，

---

① 黄志宏. 城市居住区空间结构模式的演变［M］. 北京：社会科学文献出版社，2006：350-355.

国内城市开始迎来1998年的住房制度改革，目标向停止住房实物分配、逐步实行住房分配货币化迈进。

取而代之的货币化分房制度成了影响这一时期城市居住空间结构变化的最大因素，城市居住空间的分异现象开始出现。带来这种现象的根源是城市土地的有偿使用制度。城市中的土地遵循市场规律按照地价高低发生了功能上的置换，原本在城市中心的一些居住用地开始被能带来更多土地收益的商业用地所代替，与此同时，旧城改造也使城市中心区的居住用地逐步减少。但从城镇化的进程来看，城市人口急剧膨胀，城市内部的居住需求日益增长，这自然就带来了城市郊区商品住宅区的大规模建设，城市居住空间结构开始逐步从单中心模式向多中心模式转变。

国内这些大城市居住空间向城市外围蔓延的现象已是不争的事实，根据近几次人口普查资料及户籍人口统计资料，我国许多大城市已经进入了居住郊区化的阶段。城市居住郊区化一方面带来了城市通勤流增大、市民通勤成本上升的问题，另一方面，新区的基础服务设施建设与社会重构问题也值得重视。

与此同时，由于市中心区的居住人口和产业逐步转移到郊区，部分大城市旧区日渐衰退。住宅建筑质量低下、环境较差、基础设施不完善，居住在旧区的人口也逐渐呈现老龄化和低收入化的倾向。在上述城市居住郊区化和旧城居住区衰退的背景下，本书为较全面地了解中国大城市居住空间结构现状，分别在城市的旧区和新区选取调查案例，旧区位于济南市商埠地区，新区位于南京市河西地区①。调研时，济南人均住房使用面积为19平方米，南京为16平方米。

济南作为历史悠久的文化古城，是中国大城市中具有典型代表性的历史城市，商埠地区的发展历经百年，其居住结构在中国大城市旧区中

---

① 济南商埠地区的问卷调查时间为2006年11月，为期一个月；南京河西地区的问卷调查时间为2005年11月，为期一个月。

具有一定代表性，能够反映中国大城市旧区居住结构的部分共性问题。近年来发展迅速的南京市尤其是河西地区新城的建设，与中国许多城市新区的发展建设十分类似，如北京的望京地区等。南京河西新区的居住结构在中国大城市新区中具有一定代表性，亦能够反映中国大城市新区居住结构的部分共性问题。因此，本研究选取济南商埠区和南京河西新区这两个主要的典型城市片区来研究城市居住结构。从一定程度上说，典型的城市新区和旧区的城市居住结构，可以基本代表整个城市居住结构的状况。

另外需要说明的是，在城镇化快速发展的过程中，我国特有的城乡二元结构和土地所有制导致了"城中村"现象的出现。这个"城市里的农村"聚集了大量从农村涌来的"城市移民"①，它成为农村居民向城市居民转变的最主要的"聚居地"。在我国现有体制背景下，"城中村"将会是城镇化过程中需要长期面对的问题，这部分"城市移民"的居住问题将无法回避。不过，城市外来人口和"城中村"所涉及的相关问题较为复杂，因而在本书中不作专门讨论。

通过上述的案例选择，本研究基本可以对中国当代大城市的居住结构有所了解，掌握一定的中国大城市居住结构的基础数据资料。但是上述案例选择亦存在如下几个问题。

（1）由于科研项目支持、基础调研时间分配的问题，典型城市片区是分别在不同时间、不同城市中选取的，缺乏一定的横向可比性。

（2）由于工程项目的侧重点不同，济南商埠区选取的居民样本中，居住在历史建筑（1949年以前）中的偏多，对数据有一定影响。

---

① 目前，我国城镇化进入加速发展阶段。从20世纪90年代中期我国城镇化率突破30%以后，平均每年提高1.3~1.5个百分点，2020年城镇化率已达64%，预计到2030年我国城镇化率将达70%。城镇化必然带来农村人口向城市的大规模转移，在未来不到10年的时间里，将继续有2亿农民涌向城市，转化为城镇人口。可见，在今后一个相当长的时期内，我国将会经历世界发展史上最大规模的农村人口向城市迁移的过程。

（3）南京案例的城市新区选取在河西地区，与主城区有秦淮河相隔，主要依靠桥梁相连，研究其居民职住分离的交通问题有一定的特殊性。

1.4.3　研究框架

本研究的框架主要分为四个部分：第一部分是提出问题，分别是中国当代大城市居住结构的问题和城市居住问题对策的失效（第1章）；第二部分是理论探索，对中国大城市居住结构的理论认识，以及大城市居住结构优化对策的理论和实践进行回顾（第2章、第3章）；第三部分是实践分析，分别对两个大城市典型案例的城市居住结构进行实例研究，并且对城市居住结构优化对策进行评析和提出建议（第4章、第5章）；第四部分是规划建议，结合中国当代大城市的居住现状，提出大城市可持续的居住结构的概念，并展望未来中国大城市居住结构优化对策的发展方向（第6章）。

1.5　小结

改革开放以来，伴随着中国城镇化的加速进程，中国城镇的居住面貌发生了巨大变化，人均住宅面积大幅度提升。与此同时，中国城市的社会结构也迅速分化。在这样的背景下，中国城市尤其是大城市的居住问题也逐渐凸显，主要体现在住宅产品构成失衡、就业与居住区位分散、公共服务设施发展不均衡三个主要方面。而近年来的一系列居住政策和居住规划却面临"失效"的尴尬局面和严峻的挑战。本书的研究旨在从城市居住结构的综合视角剖析中国大城市的居住问题，分别从理论研究、案例实践和规划方法三个方面进行创新的尝试。研究对象是中国大城市居住结构及其优化对策，包括当代中国大城市居住结构及其问题，以及对应解决大城市居住结构问题的优化对策两部分内容，选取了案例调查的方法对城市居住结构进行研究，并制定了问题提出、理论探索、实践分析和规划建议四个步骤的研究框架（图1-6）。

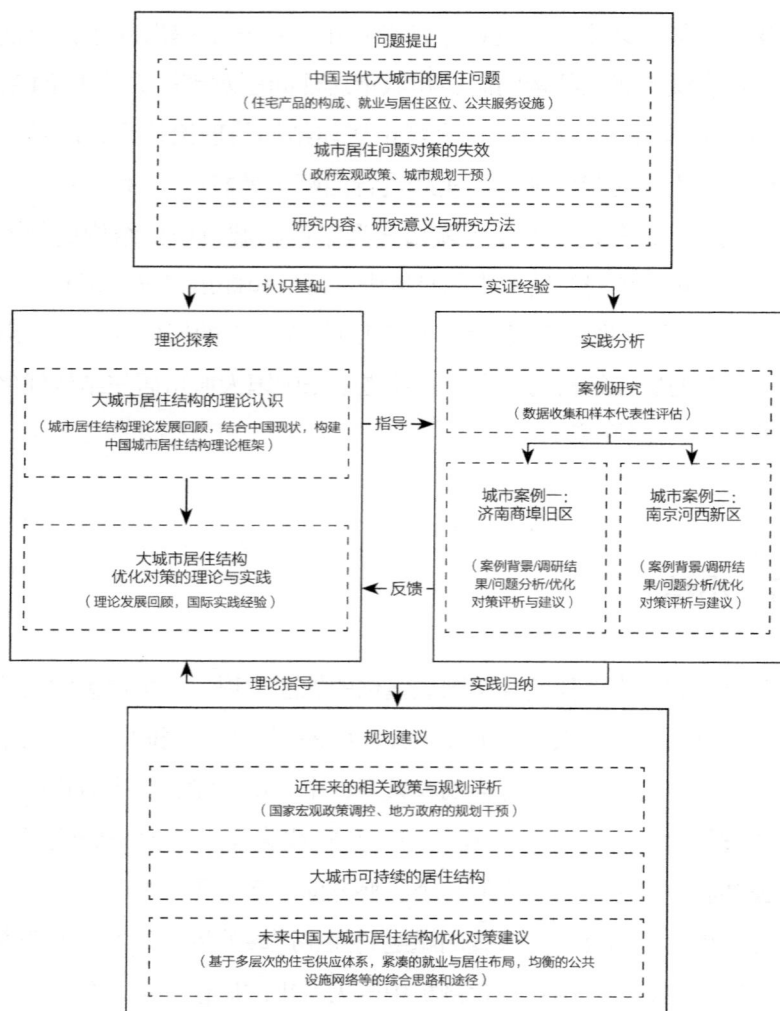

图1-6　研究框架

第 2 章

中国大城市居住
结构的理论认识

　　本书对于城市居住结构的理论认识基于现代"空间"认识视角下的城市结构的概念，空间的社会性是城市结构理论含义的核心所在。城市居住结构历来是国内外学者关注的研究领域，最早起源于20世纪初的美国芝加哥生态学派，经过近百年的理论发展，展现出广泛的内涵理解和解释（表2-1、表2-2）。本章试图通过对国内外城市居住结构理论认识的发展历程、理论概念等内容的简要介绍和分析，形成在我国城市居住问题现实背景下对城市居住结构理论内涵的新的认识。

国外学者对城市居住结构的研究　　　　　　　　　　　　　表2-1

起始时期	学派	城市居住结构的影响因素	代表学者或组织	城市研究案例
20世纪20年代	古典生态学派	人口的社会经济特征（三大古典生态学模型——同心圆、扇形、多核心）	伯吉斯、霍伊特、哈里斯和乌尔曼	美国芝加哥
20世纪40年代	现代生态学派	社会经济地位、家庭状况、种族（社会区域分析、因子生态分析方法）	莫德、戴维斯	加拿大多伦多
20世纪60年代	经济学派	土地价格和区位、家庭经济状况	阿朗索	美国城市
20世纪60年代	行为学派	家庭生命周期阶段、个人心理需求因素	阿贝努胡德、费里	北美城市
20世纪70年代	结构学派	社会阶级冲突、消费方式转变、产业布局	卡斯特、哈维	美国城市
20世纪60年代	制度学派	区位与权利关系分析（区位冲突学派）	弗蒙	美国城市
		住房市场分配规律、住房相关政策（城市管理学派）	帕尔	英国城市

国内学者对城市居住结构的研究　　　　　　　　　　　　　表2-2

起始时期	代表学者	主要相关的研究领域	影响城市居住结构的主要因素	城市研究案例
20世纪80年代初期	杜德斌	居住空间结构及其分异	经济收入、家庭结构和社会文化背景等	上海
	顾朝林	居住空间结构	社会极化和人口流动	北京、南京
20世纪80年代后期	王兴中	居住空间结构及其分异	政府宏观调控、土地利用模式、人口流动	西安
	许学强等	居住空间结构及其分异	人口密集程度、文化水平、房屋住宅质量、家庭人口构成等	广州、上海
	周一星	住宅郊区化	人口流动等	北京

开始时期	代表学者	主要相关的研究领域	影响城市居住结构的主要因素	城市研究案例
20世纪90年代及以后	宁越敏	居住空间环境的指标体系	居住条件、生态环境质量、基础设施和公共服务设施水平	上海
	吴启焰	居住分异	城市政治经济变革、城市住宅发展组织方式的转变、城市规划方法及功能的转化	南京

2.1 现代"空间"视角下的城市结构

从20世纪70年代开始，人文地理学进入了从空间分析到社会理论的演化阶段，空间的社会性逐渐引起了人们的关注。促成这一变革的既有前文已述及的政治背景，也有深刻的经济背景。法国的马克思主义哲学家亨利·列斐伏尔提出的"空间的生产"理论为空间认识打开了一扇新的大门。

列斐伏尔用组成空间的三个要素来解译空间的生产（图2-1）。"空间的实践"：一个外部的、物质的环境，包括了社会中的生产与再生产，以及其空间区位与配置组合；"空间的表述"：某种空间的呈现方式，一个概念化的空间想象，且透过知识理解与意识形态来获取对于空间纹理的修改；"表述的空间"：透过意象与象征而

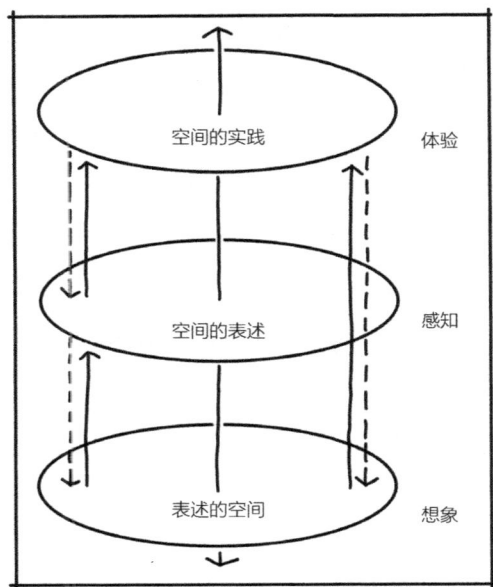

图2-1 列斐伏尔对于空间性的描述

资料来源：作者自绘。参考列斐伏尔在《空间的生产》（*The Production of Space*）中对空间性的阐述。

被直接生产出来，是人们生活和感知的空间，是使用者与环境之间生产出来的社会关系。这意味着空间具有复杂的特质，在所有的层次上都包含了社会关系。

法国思想家福柯认识到了城市空间在当代都市生活中的重要性，通过空间认识权力与知识间可能存在的各种关系。他认为，空间是权力、知识等话语转化为实际权力关系的关键。在他看来，建筑、规划所形成的城市空间意象都是有其隐喻的，因为它们和经济、政治或制度交织在一起。福柯对权力的思考使其十分重视社会边缘空间，这与霍华德在"田园城市"理想图中为社会弱势群体留出的空间有着某种契合。

英国社会学家大卫·哈维则重点强调了城市发展过程对城市空间的作用，认为两者间存在一种互为影响的辩证关系。一方面，城市空间在塑造城市发展过程；另一方面，城市发展过程也在塑造城市空间。哈维认为，"空间本身既不是绝对的、相对的，或是关系性的，它可以视情境而定，成为其中一种，或同时是全部。空间之性质的核心在于人的实践。因此关系性的空间成为人类社会实践的重要产物，人类活动创造了对于特定空间的需要，日常社会实践解释了空间性质和社会过程与空间形式之间的关系[1]"。他认为空间是渗透于社会建构全过程中的内在核心要素之一。

所以，20世纪70年代前仅仅关注自然性的对于城市空间的认识是不完整的，应该看到空间、空间形态和空间行为间的关系不仅取决于自然的空间法则，同样也是文化、社会、政治和经济关系的产物。现实的城市空间不是与生俱来的，它是在历史的过程中逐渐被生产和构造出来的，所以社会意义上的空间应当具备生产资料、消费对象、政治工具和社会冲突的介入四种功能，最终所生产出的城市空间必然是多元化和异

---

① HARVEY D. Social Justice and the City [M]. London: Edward Arnold Ltd, 1973: 13-15.

质性的。总之，空间是由社会关系和物质的社会实践构成的，完整的城市空间结构应是自然属性和社会属性的统一。那么，作为城市空间结构的重要组成部分——城市居住结构同样具有自然属性和社会属性的双重属性。这对我们在现代"空间"认识的视角下重新审视城市居住结构的内涵具有十分重要的意义。

2.2 国外对城市居住结构的研究

国外对城市居住空间结构的构成与形成机制的研究，最早可追溯到20世纪20年代芝加哥生态学派对北美城市的研究，他们提出的三大居住空间结构模式至今仍被视为城市社会居住空间研究的经典模式。古典生态学派之后的一个世纪以来，居住空间结构问题持续受到西方地理学、经济学、社会学和政治学等不同学科的重点关注，这些学科的学者进行了大量的理论和实证研究，并在理论研究和方法上形成了许多学派，如现代生态学派、经济学派、行为学派、结构学派与制度学派等，见表2-1所列。

2.2.1 生态学派——收入与区位

生态学派分为古典生态学派和现代生态学派。古典生态学派产生于20世纪20年代的芝加哥大学，主要代表人物为帕克（R. Park）、伯吉斯（E. Burgess）和麦肯齐（R. Mckenzie）。生态学派以达尔文的进化论和斯宾塞的"适者生存"理论为基础建立其理论框架。

帕克是古典生态学派的创始人，他把城市看作一个由生物学和文化两重层面构成的有机体，将生态学有关原理应用于城市空间研究，如引入竞争、淘汰、演替和优势等概念用于描述土地利用变化过程，从人口

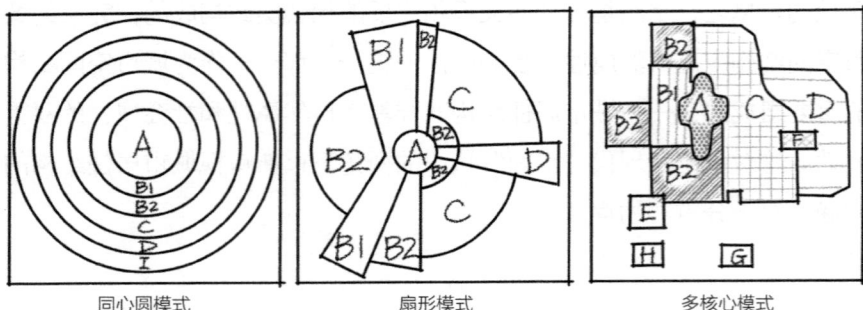

同心圆模式　　　　　　　　扇形模式　　　　　　　　多核心模式

A－中央商务区；B1－轻型制造业；B2－低阶层住宅区；C－中等阶层住宅区；D－高阶层住宅区；
E－重型制造业；F－外围商务区；G－郊外居住区；H-郊外工业区；I－通勤区

图2-2　同心圆、扇形和多核心模式居住空间结构

资料来源：作者改绘。参考BOURNE L S. Internal structure of the city, Oxford University［M］.
New York: Oxford University Press, 1971:71.

与地域空间的互动关系入手研究城市内部发展，从而得出城市空间秩序
呈带状分布的结果。伯吉斯（Burgess，1925年）应用这一理论对芝加
哥市生态地图进行研究，创立了同心圆模式，还在此基础上发展了轴
线发展理论模式。之后，霍伊特（Hoyt，1939年）提出扇形理论模式，
指出社会经济特征相似的住户聚居于同一沿扇形展开的地带；哈里斯
（Harris，1945年）和乌尔曼（Ullman，1945年）针对单一中心模式提出
了多核心理论模式（图2-2）。

　　现代生态学派创立于20世纪40年代，主要代表人物有谢夫基（E.
Shevky）、贝尔（W. Bell）、莫德（Murdie R. A.）、戴维斯（Davies W.）。
他们借助社会区域分析、因子生态分析等定量分析方法，对北美城市进
行许多实例分析，建立了新的居住空间结构模型。谢夫基和威廉姆斯
（Shevky和WilHams，1949年）、谢夫基和贝尔（Shevky和Bell，1955年）
认为北美城市居住空间结构是由社会经济地位、家庭状况和种族两个主
要方面决定的。其中住户社会经济地位的不同使其居住形态围绕中心商
务区呈扇形布局；家庭状况的不同使其居住形态呈同心圆布局；种族的

不同使其居住状态呈组团状布局。这三种主导因素的作用相互叠加，在城市道路和土地利用类型的影响下，形成各具特色的城市居住空间结构状态。戴维斯另补充了六个影响因素（Davies，1958年）：移民地位、非标准住宅、新建家庭、已建家庭、住宅产权和城市边缘。其中，住户社会经济地位的差异使居住呈扇形分布；家庭地位、移民地位和已建家庭的差异使居住呈同心圆分布；非标准住宅和新建家庭分布于市中心；种族和产权差异使居住呈分散隔离状态。

生态学派揭示了城市空间结构和社会结构的相互关系，为城市空间结构研究提供新的思维角度和方法，因而得到普遍肯定。其中，现代生态学派以大量城市的实证研究为基础，科学性更强。但生态学派缺乏完整的理论体系，基本是对既有城市居住现象的一种定性描述，既无法对未来城市发展作出一定可靠的预测，也缺乏对城市居住空间结构的形成机制进行深入研究。另外，古典生态学派未能充分考虑社会变量和人类行为之间的互动关系，未考虑到人的主观需求及人类预期行为在社会因素作用下对居住空间结构的影响。但是，生态学派的研究强调了城市居住结构研究中的两个基本要素的重要性——居民的收入与住宅区位，而生态学派的三大经典理论无不围绕这两个要素之间的关系展开。

2.2.2　经济学派——地租—住宅价格与交通方式

经济学派理论包括20世纪20年代之后出现的过滤论和20世纪50年代出现的权衡理论。过滤论最早由伯吉斯（Burgess，1925年）在20年代解释芝加哥住宅区位格局时提出。他认为，在假设只有一个城市中心（CBD）的情况下，居住空间构成表现为高收入住户居住在远离市中心的新房，而贫困住户则居住在靠近市中心的旧房中，居住形态呈同心圆分布。随着城市扩展及住宅衰败，最富裕家庭迁到城市边缘的新住宅中，留下原住宅给较低收入住户。依此类推，贫困住户迁到较新住宅中，留下市中心旧房被CBD的扩展所取代，形成完整的住宅链。20世纪50年代后，由于城市交通、运输问题的恶化推动产生一种新的理论——权衡理论。此理论假设所有就业和服务位于CBD，并假设住户通勤费用与城市不同区位的级差地价的比较是决定最佳居住区位的主要因素。由于家庭在选择其居住区位时，对随距市中心距离的增长而降低的住宅费用和随距市中心距离的增长而增加的通勤费用之间作比较，从中选择成本最低点。

阿朗索（Alonso，1960年）以古典消费者均衡理论为基础，用竞价曲线来解析城市内部居住空间结构模式。他的假设是，居民家庭收入的全部投入到房屋或通勤费用中，并以此作为主要影响条件。在城市中的任何区位，低收入的家庭享用的土地面积总是少于高收入家庭。由于低收入家庭享用土地少，通勤费用的变化较地租的变化显得更为重要，这导致低收入家庭的竞价曲线比较陡直；相反，高收入家庭的竞价曲线相对平缓。于是，城市内部居住格局表现为高收入家庭居于城市边缘，而低收入家庭居于城市中心（图2-3）。假定城市交通运输线呈放射状，则同心圆模式将变形，在交通线之间向城市中心凹进，成为星形轴线发展模式。

经济学派理论作为城市经济学的核心理论，不仅有效解释了城市住宅的空间分布，还可以解释城市土地利用类型的分布。它的优点还在于不仅可以进行城市其他活动的区位分析，还为之提供分析依据。但需注意的是，过滤论和权衡理论只考虑到需求方，认为住宅区位是由于住户的特征所决定的，事实上，供应和需求是同等重要的两方面。

经济学派的分析主要基于城市级差地价及通勤费用两个要素之间的经济规律与关系，用相对概括的经济学模型来解释城市居住结构形成的原因，在经济学派的研究中，城市级差地租对应了一定的住宅价格，通

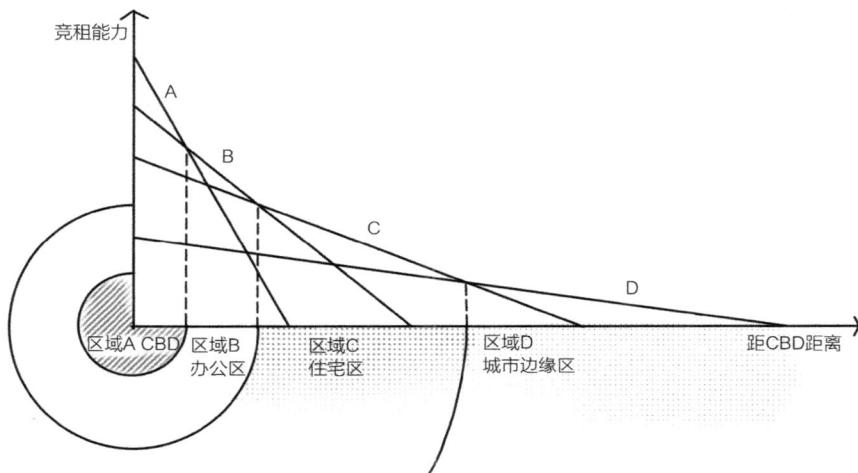

图2-3 城市空间结构模式与竞租曲线

资料来源：*作者改绘*。*参考：* BOURNE L S. *Internal structure of the city, Oxford University* [M]. *New York: Oxford University Press, 1971: 31.*

勤费用则对应一定的交通方式，换句话说，经济学派认为决定城市居住结构的要素是住宅价格和交通方式。

2.2.3 行为学派——居住迁移与住宅产品

20世纪60年代末期，北美城市研究者开始致力于研究个人因素（如个人心理、价值、感应及行为）对空间布局的影响。其研究成果包括家庭生命周期理论和磁力论迁居行为研究。生命周期理论以阿贝努胡德（Abu-Lughood，1960年）和费里（Foley，1960年）的模式为代表，把住宅区位与住户的家庭生命周期阶段相联系。如儿童时期与父母共住，工作后迁出另住或结婚不久夫妇租借市中心或内城区的住宅，有小孩之后租借郊区的单层平房，最后购买自己的住宅，老年之后，由大房子迁到小房子。生命周期的变化会影响家庭结构的变化，进而引起住宅需求的变动，由此迁居行为理论应运而生。此理论包括迁居决策背景、迁居决策行为和迁居行为综合模式（图2-4）。迁居决策背景研究包括对几种不同类型家庭（家庭型、事业型、享受型、社区型等）的研究以决定其

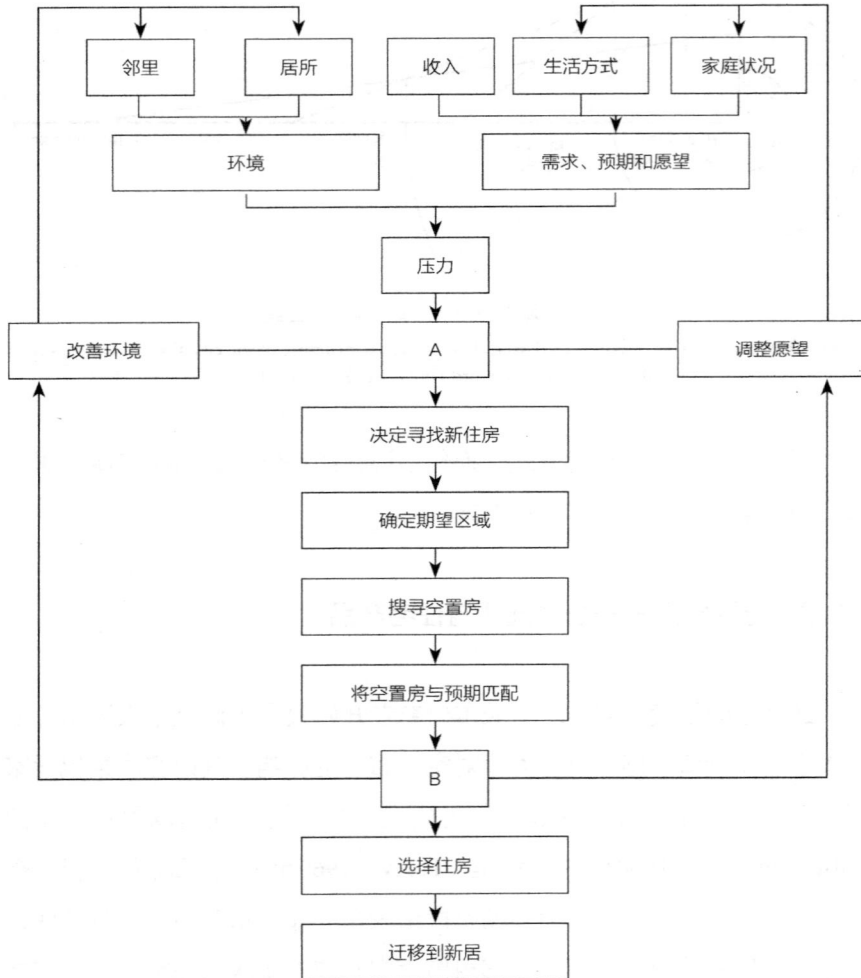

图2-4　居住移动性的模型

资料来源：作者改绘。参考ROBSON B T. Urban social areas［M］.
Oxford: Oxford University Press, 1975: 65.

迁居需求和动机。以布朗和摩尔为代表的迁居决策行为研究包括两个阶段——"决定移动"和"寻找新住宅"。迁居行为综合模式把一系列概念相联系，形成一套完整理论，用以解释迁居过程中人的行为。

行为学派以实用主义为特征，避免了机械和静态地描述居住区位的变化，突出了人的主观需求。它尤其考虑到新家庭和单身对住宅需求的影响，丰富了前两个学派的内容。其局限性体现在没有考虑住户特定的社会经济状况，也不适用于公共住宅市场中的低收入住户。

行为学派强调了家庭周期在选择住宅中的重要性，表明了居住迁移与城市结构的基本关系，尤其强调了住房需求和城市居住结构之间的循环和累积效益。迁移被认为是住房机会和家庭住房需求期望的产物。行为学派的研究解释了大量的城市内部迁居使得城市居住结构发生显著变化的原因，所以居民的住房需求及其对应的住宅产品是更新城市居住结构的要素之一。

2.2.4　结构学派与制度学派——政策与制度环境

在美国社会学界，马克思主义理论与韦伯的社会学观点并重，它是结构学派的理论基础。阶级分析观点是他们所推崇的研究角度之一。其主要代表人物有哈维（David Harvey）和卡斯特（Castells）。20世纪60年代后，随着资本主义社会矛盾的激化，运用马克思主义政治经济学在社会科学领域进行研究，影响日益显著，形成结构学派，又称为新马克思主义。哈维（Harvey，1973年）在其著作中认为，一个城市物质的地理空间布局，并不是自然和市场力量造成的结果，而是大企业为追求自己的经济目标改变投资结构造成的结果。

结构学派认为，行为学派的根本缺陷在于把对城市空间结构的解析建立在个体选址行为而不是社会结构体系的层面上，因为社会结构体系是个体选址行为的根源，资本主义的城市问题是资本主义社会矛盾的空间体现（Gray，1975年）。因此，城市研究理论必须把城市发展过程与资本主义的社会结构联系起来，其核心是资本主义的生产方式和资本主义生产中的阶级关系。作为资本主义生产方式的产物，资本主义城市的物质形态是资本主义社会关系再生产的必要条件。在论证资本主义的城市形态与资本再生产的关系时，哈维（Harvey，1973年）分析了各种资本通过投资、建造和使用城市物质环境，获取剩余价值和实现资本积累的情况。因此，城市物质环境的形成过程受到各种资本的影响，以满足资本再生产的要求。

以美国战后的郊区化为例，它揭示了城市物质环境建设中的资本积累（Checkoway，1980年）。美国的大建筑公司和大金融机构极力游说，促成了美国城市发展的郊区化模式，成为联邦政府的高速公路和住房建设计划的主要得益者。参与游说的还有其他产业资本，因为郊区化带来对汽车和其他耐用消费品的大规模需求，也为各种其他资本的积累提供了条件。不仅如此，城市建设带来大量的投资机会，还可以在一定程度上化解资本主义生产方式下资本过度积累造成的经济危机。在经济不景气的时期，各种剩余资本往往会转入房地产领域，以寻找投资出路（Ball，1983年）。关于城市物质环境对于劳动力再生产的影响，结构学派认为，城市居住空间的分异不仅反映了劳动力在生产领域中的地位差异，而且有助于维持这种差异作为资本主义社会结构体系的组成部分的延续，因为公共设施（如教育设施）的空间分布差异对于劳动力的再生产（特别是受教育的程度）具有重要影响（Gray，1976年）。

结构学派从认识论的角度肯定资本主义生产方式和社会关系对城市内部结构有重要作用，把对城市空间结构的解析从经济学派和行为学派的个人选址行为提高到社会结构体系的层面，对城市空间构成的问题认识深入到根源所在。结构学派也有不足，其早期研究过于片面化，忽视其他社会过程对城市空间结构的影响。结构学派分析了城市的社会经济环境对城市居住结构的影响，强调了社会学在城市居住结构研究中的重要性，结构学派的研究认为社会经济环境是城市居住结构的重要影响因素。

制度学派的研究重点是城市住房供给和分配的制度结构，有两个不同的起源，分别是以研究美国城市为代表的区位冲突学派和以研究英国城市为代表的城市管理学派。区位冲突学派关注权力、冲突和空间之间的关系，由北美的政治学者最先研究，即区位政治学。区位政治学认为土地利用的变化不是在自由而没有组织的土地市场中由无数个体决策的结果，而是由有着不同目标、不同权力及影响力程度的各个利益集团之间冲突的结果。空间不只是由政府和市场所分配的一种有价值的东西，而且具有权力资源的特征，空间资源的分配过程直接反映城市政治过程。因此，区位与权力关系的分析是城市政治研究的主要内容，对城市住房市场的研究具有重要意义。总体来说，城市居住空间结构是由不同利益集团、组织（发展商、地主、房地产机构、金融机构、邻里组织）和地方政府之间的冲突形成的。区位冲突学派的分析反映了政府较少干预的美国城市现状，多应用于美国城市研究。

雷克斯（Rex，1967年）和摩尔（Moore，1967年）是城市管理学派的早期代表。在对伯明翰内城住房短缺的研究中，他们将伯吉斯同心圆模式的要素和韦伯社会分异理论相结合，提出了住房阶级（Housing Classes）的概念，划分出六个带有空间特征的住房阶级：①已还清抵押贷款的自有住房者；②尚未还清抵押贷款的自有住房者（新郊区）；③租住公共住房者（内城）；④租住私人住房者（内城）；⑤短期贷款购房被迫向外出租房间者（老郊区）；⑥租住个别房间者（内城）。这些住房阶级的划分主要依据住户获得住房的不同的可能性，一方面由住户的收入、职业和种族地位决定，另一方面由住房市场的分配规则决定，核心是基于收入差异在住房市场上展开的竞争。雷克斯和摩尔提出的住房阶级概念，将住户特征和住房特征结合在一起，从一个全新的角度研究城市的居住空间结构。

保罗（Paul，1974年）在前人研究的基础上，对城市管理学派的研究成果作了全面的分析和总结，奠定了城市管理学说研究的基础。他认为：对不同类型住户获得住房的可能性的研究，核心是对各种社会和空间限制因素及其相互作用的分析；而分析这些限制性因素的关键是对住房资源的供给者和分配者在决策过程中所遵循的规则、目标、行为方式的研究，因为正是这些人对住户所能获得的住房及其空间区位起着决定性的作用。帕尔将他们称为城市管理者，主要包括：①土地市场，如私人土地所有者与租赁者；②建筑市场，如房地产开发商和建筑商；③资金市场，如向住宅市场提供生产和消费贷款的金融机构；④交易市场，如房地产经纪人等；⑤地方政府机构，如公共住房的管理者和规划者。

制度学派中不论是区位冲突学派还是城市管理学派，对住房市场的分析都比较全面，并且重点对住房的供给和分配制度进行了阐述，制度学派认为住房的供给和分配制度是影响城市居住结构的重要因素。

纵观国外对城市居住结构的研究，分别从住宅价格、居住迁移和选择、住宅区位和交通方式、住宅的分配与供给等多个角度进行分析和阐述，对我国城市居住结构的理论认识有一定的启发和借鉴作用。但是上述研究多停留在居住结构的现象描述上，缺乏对居住结构问题解决对策的研究，缺少从制度层面探求综合解决城市居住问题方法的研究。

2.3 国内对城市居住结构的研究

中国对城市居住空间结构的研究起步较晚，同时伴随着1992年从计划经济向市场经济转轨、房地产市场的初步建立，以及1998年取消住房实物分配制度等一系列住房体制改革进程。国内的居住空间结构的研究取得了一系列丰富的成果，如居住分异研究、住宅郊区化研究等。但较之西方相关研究，理论的系统性和实证的丰富性都略显不足。而且在居住空间结构形成机制研究中多为直接引用或介绍已有的西方理论模型，但是目前我国土地制度和住房市场制度还处于刚刚建立和逐步完善的过程中，西方理论模式并不宜于直接移植与吸收。

2.3.1　理论研究

　　国内学者对于城市居住空间结构的研究始于20世纪80年代，涉及城市居住阶层的分布、住宅需求与居住选址、大城市人居环境的优化与调控及相关指标体系的提出、城市社会极化与空间分异的动力机制研究，直至对城市居住空间分异的研究，均取得一定的研究成果，见表2-2所列。

　　首先是关于住宅需求、居住选址方面的研究。研究认为，随着我国住宅商品市场的逐步健全及人们生活水平的迅速提高，城市居民的需求行为将发生根本的改变，住宅需求结构将不可避免地产生按经济收入、家庭结构和社会文化背景等方面的分化（杜德斌，1996年）。不同住户在居住选址，即居住区位选择趋向上的差异，将带动城市居住空间格局的分异。对于城市规划和住宅管理部门来讲，只有把握不同社会群体的住宅消费水平和居住选址的基本倾向，才能从总体上制定出整个城市的住宅发展模式，形成一个合理的居住空间结构。杜德斌认为，适度的居住分异有利于城市机能的良性运作，相反，过度的居住分异不仅会阻碍城市机能的发挥，而且有悖于社会主义制度。

　　其次是关于社会空间分异和社会极化的研究。社会极化的一般意义可能是一个社会实体内贫富差距的扩大，贫穷的一端由流动人口组成，他们是一个无专长和低收入的社会集团，富裕的一端由外贸或合资公司的老板和职员组成，他们是有专长和高收入的社会集团（顾朝林，1997年）。社会极化的动力机制主要包括以下三个方面：一是城市功能结构从传统制造业向服务业和高技术产业的经济转变，从而导致社会收入和就业岗位分配的极化；二是外国直接投资和技术引进的城市地区的不平衡分布，使得城市不同地域呈现不同的发展格局；三是巨大的农村流动人口潮是城市社会极化的重要力量。近年来，中国城市新的低收入的农村流动人口和高收入人群正在重建城市社会分层现象，并通过城市社会分异达到城市社会空间结构的分异。就社会结构而言，新流动人口倾向于集中居住在那些拥有过剩廉价房屋出租的城市边缘地带，高收入阶层则集中居住在郊区的别墅区。就其空间结构而言，一方面，制造业向廉价的劳动力和土地区位转移，尤其是城市边缘地带；另一方面，大规模的服务业在城市中心集中，导致内城区城市更新速度加快。因而中国城市因社会极化问题的出现正在重建其社会空间结构。社会空间结构的转变正在导致人类住区的不协调发展，即城市社会极化和不平衡的城市空间增长。其一，城市中心区发展慢于郊区，城市功能重组和城市更新成为主要特征；其二，城市蔓延正成为城市增长的主要形式，城市边缘区已经成为开敞空间逐步消失、城市生态系统遭到破坏的地区。

另外，部分学者侧重于人居环境方面的研究。人居环境应包括人居硬环境和人居软环境两个方面。人居硬环境即人居物质环境，是指一切服务于城市居民并为居民所利用，以居民行为活动为载体的各种物质设施的总和，由三部分组成（宁越敏，1999年）：①居住条件；②生态环境质量；③基础设施和公共服务设施水平。一定规模与一定层次的基础设施和公共服务设施是一个极为重要的方面，它可通过各种文教设施、商业服务业设施、各类活动场所、道路广场、交通状况等指标来反映。人居软环境即人居社会环境，指的是居民在利用和发挥硬环境系统功能中形成的一切非物质形态事物的总和。就人居软环境而言，它更多地涉及社会学、心理学及行为科学的研究内容。硬环境是软环境的载体，而软环境的可居性是硬环境的价值取向。任何一个人居环境形成以后，它不仅仅是一个物质的实体环境，更重要的是一个社会环境。所以，人居环境应达到环境效益、社会效益和经济效益的统一，使之真正具有可居性，而衡量人居环境优劣和三种效益统一程度的主要标志就是人居软环境与硬环境的呼应程度，即以各类居民的行为活动轨迹与其所属的软、硬环境是否适合作为标尺。并且，研究还以上海市为例提出上海中心城区人居环境指标体系。

关于居住分异方面的研究始于20世纪90年代末期。研究认为社会与空间互为因果关系，中国城市居住的社会地理分异过程，或社会分异的空间化过程是受城市政治经济关系的历史发展支配的（吴启焰，2001年）。而城市社会空间分异的动力机制应该包括以下几个方面：①自1978年以来的政治经济体制改革；②自1980年以来，开始强化的经济全球化与区域集团化所造就的国际劳动分工；③以信息技术革命为核心的知识经济及其影响下的经济结构变化。而且这种社会分化机制与结果只为城市居住空间的社会地理分异提供一种前提。1978年以来，主导城市建设的投资结构由单一国家立项投资体系向国家与地方相互结合过渡，由此强化了地方自主权，改变着主导城市社会空间组织的力量，实现保障结构的自我更新。而改革开放中地方自主权的扩大，使传统规划思想和程序发生变化，产生对城市土地利用和城市功能结构的改变，从客观上推动了社会分化的空间表征化日益明显，打破了"单位"制居住空间格局。而城市房地产市场的形成推进了城市住宅自有化进程。

总的来说，国内关于城市居住结构的研究取得了一定的成果，尤其是基于城市案例调查的研究，具有相当的现实意义。但由于上述研究多从人文地理学角度出发，同样也偏重对于现象的描述，缺乏对制度层面更深层次的探究，对于城市居住结构的优化对策研究更是较少涉及。

2.3.2 案例研究

20世纪80年代后期，我国城市规划和地理学者开始运用因子生态分析方法对上海和广州进行了实证研究。研究发现，我国主导城市社会空间分异的主要因素（人口密度、文化职业和家庭）与美国城市社会空间分异的三个解释变量（社会经济地位、家庭和种族）不尽相同。近年来，由于我国社会转型和住房制度改革，加剧了城市居住社会空间分异的程度，并开始引发社会问题和矛盾。地理学者对这一现象进行了充分的关注，涌现了大量的研究成果，研究成果主要集中在居住社会空间极化及其分异机制，以及由此引发的社会问题等方面。其中，以王兴中等学者所著的《中国城市社会空间结构》最具有代表性。该书以西安市为例，对西安市居住社会空间形态与结构、居住社会空间分异的动力机制，以及居住迁移与居住社会空间的关系进行了深入细致的研究和探讨，其研究方法和研究框架具有重要的理论和实践意义。后文将简要介绍国内一些典型城市，如广州、西安和北京的居住结构的研究成果。

1. 广州城市居住结构研究

广州是中华人民共和国成立后华南地区重要的中心城市，同时也是改革开放后中国著名的沿海开放城市，城市的社会经济等方面都得到迅速的发展。关于城市居住区空间结构分化的系统性研究最早起于许学强等学者对广州的研究。20世纪80年代中后期，广州市城市居住区空间结构已经具有明显的分化现象，整个广州市的居住区空间大致可以划分成以下几大地域单元①。

（1）人口密集、功能混合的"旧城区"。该区域位于广州市中心偏西的位置，人口密集，房屋年代较久并且质量较差，家庭规模较大、年龄结构偏高。旧城区内的传统商业职工、个体劳动者比重较大，居民的文化教育水平较低，是广州市发展最早的地区。1949年后对旧城区的"见缝插针"式的改造使得居民住房状况越来越紧张，随着人口的不断增加，旧城区的居住密度持续增高。由于旧城区各种商业和服务设施较为成熟，生活便利，形成人口密集、功能混合的区域。实际上该区域的外表形态与功能等方面，都十分类似于西方国家城市居住区空间结构模式中的"过渡区"。

（2）I类居住区。该区域主要位于广州市旧城区的东部和北部边缘，是广州市20世纪80年代以后大规模改建的地区，集中了不少新建设的高层公寓式住宅。这里历史上即为行政机关集中的地区，附近单位都建设有福利住宅，在该居住区居住的机关与企事业单位的干部比例较高。区内居民的文化与教育水平较高，核心家庭的比例也较高，所以居住区人口密度相对旧城区较低，居住条件和居住环境都要优于旧城区。

（3）II类居住区。该区域位于旧城区与新城区的外围地区，并明显向东延伸。由于中华人民共和国成立后国家长期强调工业的重要作用，绝大多数城市成了工业生产的中心地。作为具有历史传统的中国重要的工业生产城市，广州市的工业生产用地比重较大，呈分散团块状成片分布。工人比例高，其居住区空间在整个城市居住区空间的比重也相对较

---

① 许学强，等. 广州市社会空间的因子生态分析［J］. 地理学报，1989（4）：390-393.

大。Ⅱ类居住区建设标准一般，并且由于住房多接近工厂，居住环境遭受到一定程度的污染。居民多从旧城区迁来，家庭规模一般较小，年龄结构偏轻。

（4）Ⅲ类居住区。该城市居住区空间位于广州市的外围和城市各组团之间，区内农业用地比重大，以农业人口为主，居住区内部的人口密度相对于上述的三种居住区空间类型偏低。

（5）Ⅳ类居住区。由于受教育程度较高人群在整个城市中的人口比例相对较低，所以该居住区在整个广州市居住区空间结构中呈散点式分布，在校园及其附近形成了以受教育程度较高人群为主的居住片区。

从以上广州市的居住区空间结构分布特征来看，中国城市在改革开放以后已经存在着居住区空间的明显分化现象。形成其城市居住区空间结构分化的主要影响因素除了人口密度之外主要是居民职业，而不是像西方城市居住区空间分化主要建立在"种族隔离"的基础上。计划经济体制下的单位建房和单位福利分房制度是中国20世纪80年代以前城市居住区空间形成的重要制约因素。广州市的居住区空间分布与模式如图2-5、图2-6所示。

2．西安城市居住结构研究

尽管中国城市的社会经济发展水平存在着沿海地区与广大内陆地区之间较为明显的地带性差异，不过与东部高速发展的开放城市广州相比，内陆城市西安也具有十分类似的社会阶层分化现象。根据王兴中等学者的研究结果，西安城市居住区的空间结构大致分化为以下几大类型区[①]。

① 王兴中. 中国城市社会空间结构研究［M］. 北京：科学出版社，2000：28-31.

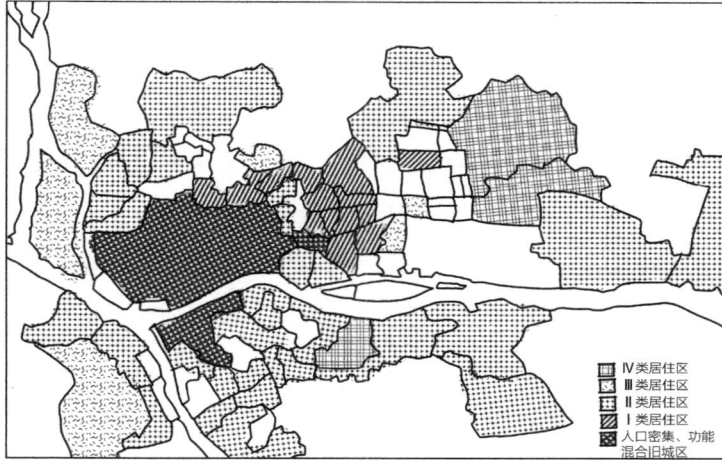

图2-5 广州城市居住区不同社会阶层的空间分布

资料来源：许学强，等. 广州市社会空间的因子生态分析 [J]. 地理学报，1989（4）：393.

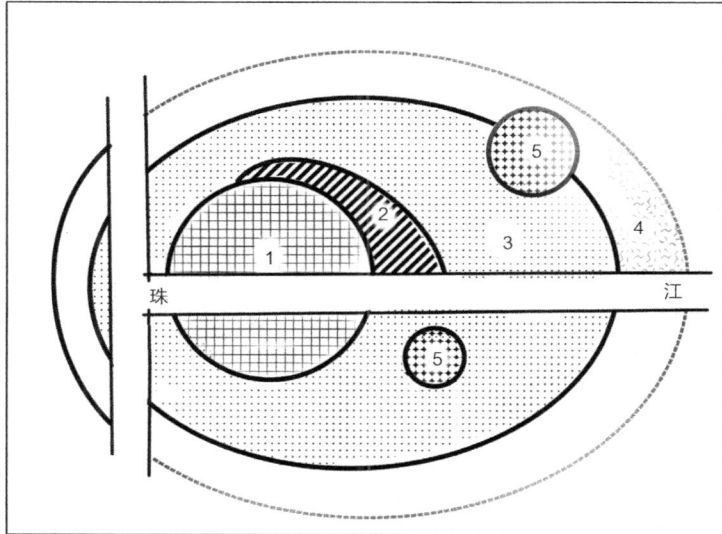

1－人口密集、功能混合的"旧城区"；2－Ⅰ类居住区；
3－Ⅱ类居住区；4－Ⅲ类居住区；5－Ⅳ类居住区

图2-6 广州城市社会空间模式

资料来源：许学强，等. 广州市社会空间的因子生态分析 [J]. 地理学报，1989（4）：393.

（1）人口密集的混合居住区。本类型居住区在西安多以生活小区、街坊的形式出现，主要集中在城墙以内的旧城区域和城东的部分区域。其中约有20%的传统街坊已改建成公寓式的生活小区，住宅类型已被置换，多为老式平房和2～3层的私人住宅，房主多为继承核心家庭的老住户。这些居住区人口密集，生活环境质量较差。

（2）I类居住区。I类居住区多为单位住宅小区，零星分布在城区内。每个居住小区都形成了一定范围与规模，房屋质量较好。该类型区分布在旧城区的周围，呈环形包裹着上述的混合居住区。

（3）II类居住区。主要分布在西郊电工城、西北仓库区的工人住宅区，东部的重型机械制造及东郊的纺织城工人住宅区，基本上以旧城中心为轴，呈东西对称形态分布。该区是20世纪50年代以来相继建立起的工业区，建筑年代较早，建筑质量较差，环境污染较重。

（4）III类居住区。本类型居住区主要在远郊区，以团块状分布。本区建筑多位于乡村泥土路或出入市区的干道两侧。本区多数农民从事为城市服务的郊区农业。

（5）IV类居住区。本类型居住区集中分布在南郊，与高校群内的单位制住宅范围一致。本类型区范围包括友谊路以南区域，西南的电子城，南部的长安路、翠华路两侧。该区是科学技术因素占主导的社会区域，建筑年代差异较大。

（6）V类居住区。本区分布在建成区的边缘地带，呈环带状分布。该类型区是城市与郊区、农村交接的边缘地域。该区的农业人口有相当一部分带有非农性质，他们的土地已被城市建设用地利用，无法从事第一产业，居民的职业多样化。本区还有大量外来人口居住，往返城内从事第三产业。

由此可见，西安城市的居住结构与前文所述的广州城市的居住结构

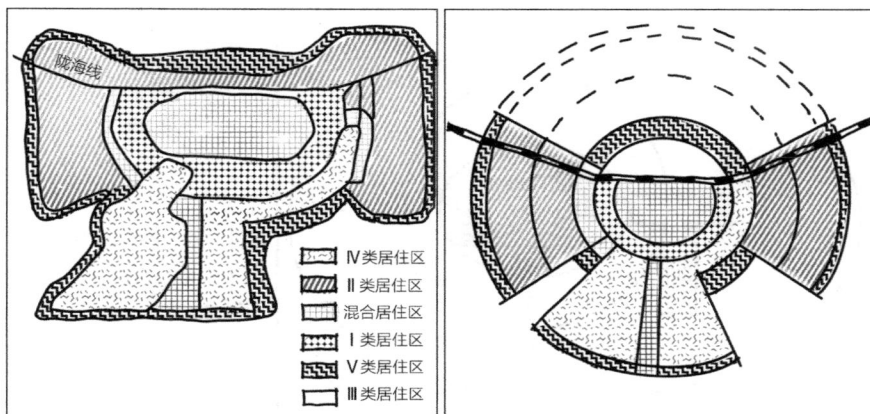

（a）西安城市居住空间分布　　　　（b）西安城市居住区的空间结构模式

图2-7　西安城市居住区空间分布及其结构模式

资料来源：王兴中. 中国城市社会空间结构研究 [M]. 北京：科学出版社，2000：39.

类似，都主要由混合密度较高的旧城区和各类居住片区构成。西安城市居住区空间分布及其结构模式如图2-7所示。

3. 北京城市居住结构研究

同其他国内大城市一样，改革开放后北京市的社会阶层结构及其相应的居住区空间结构都产生了很大的变化，而且还具有一定的独特性。这种独特性主要反映在外来人口对北京城市居住空间结构分化的影响上。北京的居住空间结构中，包含着相当高比例的外来人口与流动人口。从整个城市宏观的居住空间结构来看，北京同样具有不同历史时期、不同职业阶层在居住区空间上的基本分化现象。根据冯健等学者的研究结果，1982年与2000年北京都市区居住区空间结构特点分别如下。

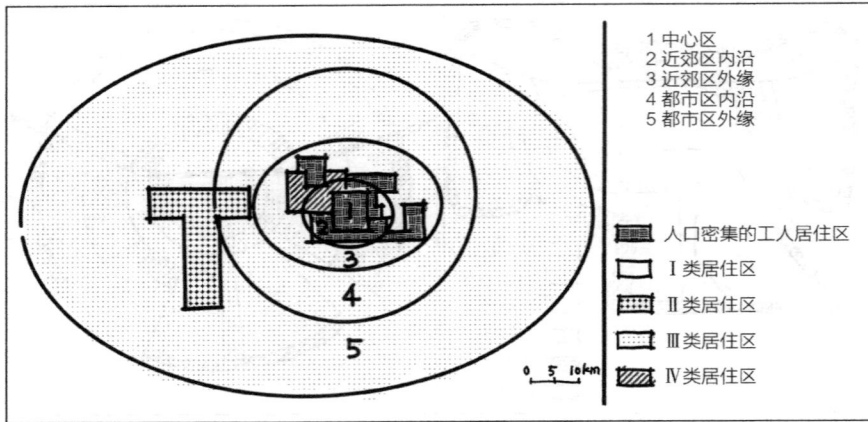

图2-8 1982年北京居住区空间结构模式

资料来源：冯健. 转型期中国城市内部空间重构［M］. 北京：科学出版社，2004：159.

（1）1982年北京居住区空间结构特征与模式[①]（图2-8）

1）人口密集的工人居住区。这类居住区空间包括45个街区单元，其主要特征是人口密度相对较大，农业人口较少，而且工薪阶层在该居住区空间较为集中，故称之为人口密集的工人居住区。

2）Ⅰ类居住区。这类居住区由街区单元构成，该居住区是20世纪80年代典型的国家机关住宅区。

3）Ⅱ类居住区。这类居住区空间由8个街区单元构成，其典型的特征是集中了大量的从事矿业的人员，主要分布在门头沟和房山的6个街区。

4）Ⅲ类居住区。这类居住区空间由125个街区单元组成，为农业人口的主要居住区，其典型特征是人口密度较低，分布最为广泛，除了位于中心城区或紧邻中心城区的上述三类居住区空间类型及下述Ⅳ类居住区之外，其余的广大地段均属于该类居住区。

---

① 冯健. 转型期中国城市内部空间重构［M］. 北京：科学出版社，2004：158.

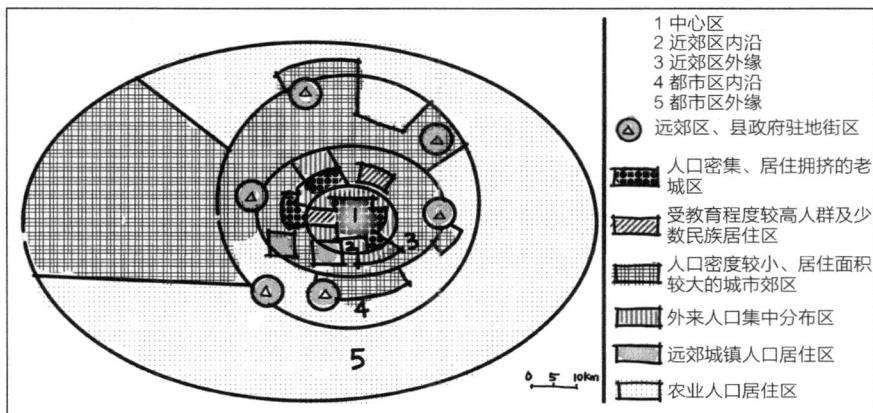

图2-9　2000年北京居住区空间结构模式

资料来源：冯健. 转型期中国城市内部空间重构［M］. 北京：科学出版社，2004：159.

5）Ⅳ类聚居区。这类居住区空间包括9个街区单元，其主要特征是集中了大量的受教育程度较高人群。海淀片区是北京最主要的大学集中地，故Ⅳ类居住区较为密集。

（2）2000年北京居住区空间结构特征与模式[①]（图2-9）

1）人口密集、居住拥挤的老城区。该居住区的最典型特征是人口密度大而人均居住用地面积小，是北京市人口密集且居住拥挤的区域。本区包括59个街区单元，主要分布在中心城区及其东部的近邻地带。另外在中心城区以南、以西的部分近郊区也有零散分布。

2）受教育程度较高人群及少数民族居住区。此类居住区包括21个街区单元，区内受教育程度较高人群及少数民族较集中，基本上都紧靠中心城区以北、以西的两块地域。中心城区以北的这片地域为北京高校的集中区，而中心城区以西不仅分布了众多的高校，中央民族大学及著名的"新疆村"也分布于此。

---

① 冯健. 转型期中国城市内部空间重构［M］. 北京：科学出版社，2004：155-156.

3）人口密度较小、居住面积较大的城市郊区。这类居住区包括74个街区单元，本区的特征是人口密度较小而人均居住用地面积较大。主要分布在近郊区的外缘、都市区的内沿、都市区外缘西部的部分地段，以及与远郊区县政府驻地靠近的局部地段。

4）外来人口集中分布区。包括9个街区单元，主要分布于近郊区，环绕在中心区附近。

5）远郊城镇人口居住区。这类居住区包括8个街区单元，为一般工薪阶层的集中居住区。

6）农业人口居住区。具有农业人口的分布特征，主要分布在都市区内沿的北、东、南部，除了远郊6区县政府驻地及附近街区、都市区外缘的绝大部分地域、门头沟区及与其邻近的房山区的若干街区以外的地区。

比较上述冯健所归纳的1982年和2000年北京都市区的居住区空间分布类型及空间结构模型，我们可以发现其演化的规律。经过近20年的高速城市化进程，北京的社会及其居住区空间结构，在保持了原来历史特点与"继承性"的同时，又有不少新的变化与发展。在改革开放之初的1982年，北京都市区的社会居住区空间结构模式相对简单，人口密集的工人居住区占据中心城区及其附近地域，紧邻其外围的是Ⅳ类（受教育程度较高人群为主）居住区和Ⅰ类（机关干部为主）居住区，在都市区外围的西部是Ⅱ类（煤矿工人为主）居住区，整体上表现出较强的"同质性"。到2000年，在城市居住区空间大幅度往外延伸与扩展的同时，都市区的内部空间结构也日趋复杂化与多层化，Ⅱ类居住区和Ⅰ类居住区不再作为典型的社会居住区类型存在，另外，外来人口居住的集中分布区成为北京居住空间结构的重要构成部分。

纵观上述三个城市居住空间结构的研究，历史时间段多为20世纪80

年代至90年代，城市居住空间结构明显带有单位福利分房的烙印。而住房商品化全面推行十余年之后，快速城镇化带来的居住郊区化以及大城市涌入的大量流动人口和外来人口正迅速改变着城市原有的居住结构，关于20世纪90年代后期以及21世纪以来的中国城市居住结构的典型性研究相对还较少，前文关于北京2000年的居住区空间分布的类型研究对此段时期有所涉及，同时也说明了当代城市居住结构中职业和单位的"界限"在逐渐淡化，城市内部居住空间结构日趋复杂化与多层化，外来人口和流动人口成为不可忽视的重要因素。

2.4 中国大城市居住结构的内涵

城市住房市场是最直观影响城市居住空间结构的因素，它具有高度的复杂性。城市住宅作为一种特殊"商品"的自然特性，可以使得我们从住宅供给和需求两个方面来粗略分析目前城市住房市场对城市居住空间结构的影响，纵观国内外城市居住空间结构的理论研究，无非也是从这两个方面来分析其形成机制的。总的来说，在住房市场中，通过一系列不同的市场运作，各社会经济团体依据自己的需求配置特定类型的住房，他们的动机和行为有效地决定了住房的供给，从而影响了家庭的住房选择。当住宅"商品"在城市住房市场完成交换过程后，城市居住空间结构也同时形成（图2-10、图2-11）。

城市居住空间结构不仅反映了经济的供给与需求，而且受到制度因素和一系列行为主体之间互动的影响[1]，除了政府、开发商和消费者，还包括投资商、建筑商、规划师、建筑师等，住房市场是这一系列参与

---

① 诺克斯，平奇. 城市社会地理学导论［M］. 柴彦威，等译. 北京：商务印书馆，2005：158-188.

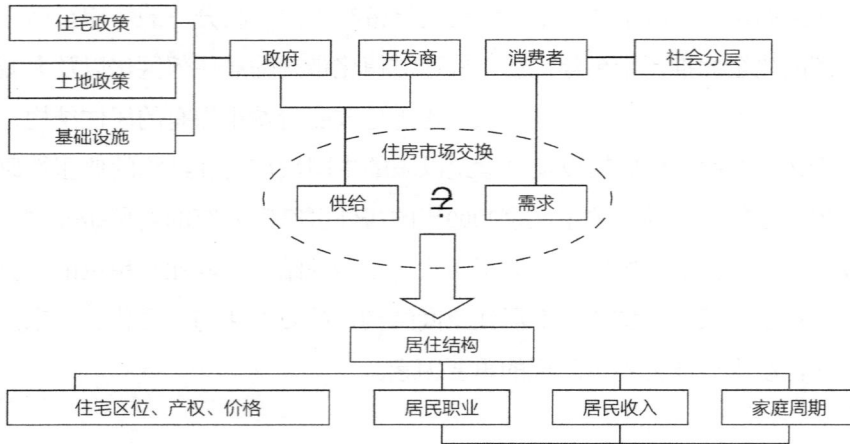

图2-10　住房供需市场对城市居住结构的影响

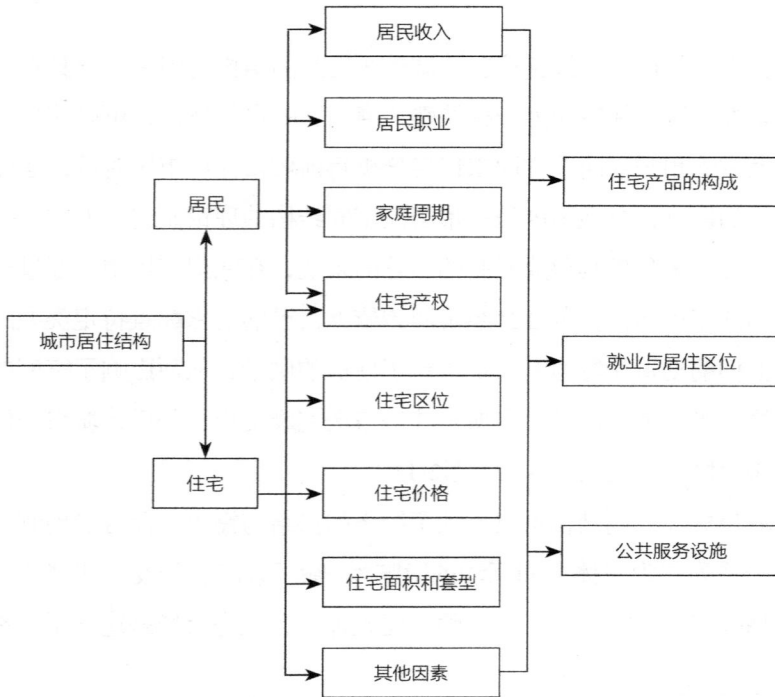

图2-11　城市居住结构

者在各种政治及制度制约下的集中活动，这种集中活动的结果就是居住结构在空间上的体现。

对城市居住结构的理解也应当建立在对城市空间的双重属性的认识之上，城市居住结构的概念同样具有自然属性和社会属性双重含义。前文提到城市居住结构主要由以下几个要素来构成：居民收入（Burgess，1925年）、居民职业、家庭周期（Abu-Lughood & Foley，1960年）、住宅产权（Moore，1967年）（Davies，1958年）、住宅区位（Burgess，1925年；Alonso，1960年）、住宅价格、住宅面积和套型（Alonso，1960年）等，而城市居住结构的内涵则可以理解为城市居住结构的构成要素及构成要素之间的关系。综合前文中国内外学者对城市居住结构的研究，如生态学派强调了城市居住结构研究中两个基本要素的重要性——居民的收入与住宅区位，经济学派认为决定城市居住结构的要素是住宅价格和交通组织方式，行为学派认为居民的住房需求以及对应的住宅产品是更新城市居住结构的要素之一，结构学派的研究认为社会经济环境为城市居住结构的重要组成部分，制度学派认为住房的供给和分配是影响城市居住结构的重要因素；而国内的学者则普遍认为城市居住结构是受城市政治经济关系和历史发展支配的，并且居民的社会属性如收入、文化、职业和家庭影响着居民的住宅消费选择，计划经济体制下的单位建房和单位福利分房制度对中国目前的城市居住结构仍然有着一定的影响。

基于以上分析，在中国目前大城市居住问题的现状背景下，本研究认为，对中国大城市居住结构的分析主要由以下三个层面来构成：住宅产品构成、就业与居住区位及公共服务设施。

住宅产品构成实际上是住房需求的一种体现，良好的城市居住结构应当是住宅产品构成与住房需求相匹配的，它包括住宅的户型面积、住宅的区位、住宅的价格、住宅的分配方式等，这个层面上的城市居住结构问题主要与传统意义上的住房政策相关。

就业与居住区位主要是指居民的工作地点与住宅地点之间的关系，它涉及城市的产业与居住用地布局、城市交通系统的状况及城市社会经济环境大背景下的就业选择环境等。

需要重点说明的是，公共服务设施在前面关于城市居住结构的研究回顾中较少涉及，关于城市居住结构中公共服务设施层面的问题乃本研究在分析中国大城市目前居住问题的基础上首次提出。正如第1章中所述，公共服务设施发展不均衡是目前中国大城市不论是新区还是旧区都普遍存在的重要的问题，亟待解决。而居住相关公共服务设施网络的优化对策需要从城市整体居住结构的角度出发进行研究，所以本书把公共服务设施作为中国大城市居住结构的重要分析层面之一。

目前根据中国在城市统计中对城市规模的分类标准为：城区常住人口100万以上、500万以下的城市为大城市，城区常住人口500万以上、1000万以下的城市为特大城市，城区常住人口1000万以上的城市为超大城市。根据第七次人口普查公布的数据，我国百万人口以上的城市有300个左右，关于中国大城市的居住问题研究不容忽视，将成为未来需要长期面对并解决的问题。

2.5 小结

本章从现代"空间"认知视角下的城市结构谈起，说明了城市结构具有自然和社会双重属性，回顾了国内外学者对城市居住结构研究的发展历程，分析各学派对城市居住结构的核心关注点，包括生态学派关注的收入与区位、经济学派关注的地租—住宅价格与交通方式、行为学派关注的居住迁移与住宅产品、结构学派与制度学派关注的政策与制度环境等。基于国内外学者对城市居住结构的研究，最终形成本书对中国大城市居住结构的理论认识。本书研究的城市居住结构，是指各个社会群体居住区在城市空间中的具体地理区位、不同社会群体居住区之间所形成的相互影响和作用的多层次性的空间关系，以及该空间关系所反映出的社会关系。基于中国大城市居住现状的分析，中国大城市居住结构主要从以下三个层次来体现：住宅产品构成、就业与居住区位及公共服务设施。

第 3 章

大城市居住结构
优化对策的经验借鉴

本章通过对城市居住结构的重新认识，探寻适用于解决中国城市居住问题的城市居住结构的优化对策。研究在回顾城市空间结构规划理论发展的基础上，从住宅产品构成、就业和居住区位及公共服务设施三个层面，借鉴相关大城市规划的国际成功案例，为中国城市居住结构的优化对策提供思路。

3.1 城市空间结构规划理论的发展

3.1.1 分散主义与集中主义

19世纪末期，城市研究者们对城市空间结构开始了最初的研究探索，当时的观点认为，改变以往的城市空间结构，以更合理的方式对城市结构进行再组织，是治疗城市病的方法之一。为解决城市大规模工业化发展带来的城市问题，探索工业城市涌现的更多新功能用地的合理布局模式，关于带形城市、田园城市等的理论研究形成了若干城市空间结构的模型，并成为后来城市建设的原型与依据。

20世纪以来，产业的迅速发展使得居住空间开始逐步脱离产业空间，形成一种独立的城市功能空间。例如，带形城市中居住空间依托交通廊道与公共服务设施来设置、田园城市中居住空间在同心圆的外圈设置、工业城市中居住空间被划分成若干模块的长方形并与工业用地保持一定隔离距离等，与传统城市相比，居住空间在城市中的区位产生了本质的变化。这些城市结构的典型模式，通过进一步提炼，逐渐形成城市形态的两种截然不同的方向：城市分散主义与集中主义。

霍华德的田园城市、沙里宁的有机疏散理论、赖特的广亩城市构想等，都表达了典型的城市分散主义的理念。在规划实践中，城市分散主义对城市空间结构的作用，其一是大城市+卫星城的城市体系模型，另一个则是沿交通线形成放射形结构的大城市模型。

卫星城形成的最早原因是为解决大城市人口过剩带来的居住矛盾和环境问题，住宅的郊区化发展也加速了卫星城建设的发展。第一批卫星城在距离主城区约20千米附近，最开始只设置了居住空间，绝大多数卫星城居民的工作空间仍然在主城区，这带来了主城区和卫星城之间每天大量的潮汐式交通，卫星城也成为某种意义上的"卧城"。随着工业城市的发展，后期的卫星城开始逐步增加了就业空间及第三产业，用地的综合性更强，大大减少了潮汐式的交通量。在大城市周边卫星城的发展过程中，城市居住空间结构也在朝着更为合理化的方向发展，也促进了居住空间结构理想模型的形成。20世纪40年代英国的大伦敦规划及后期的新城运动就是在这样的背景下发展起来的，为后来的城市分散主义理论奠定了基础。

"带形城市"理论最早由西班牙工程师A.索里亚·伊·马塔提出，是以交通干线作为城市布局的主干，城市的生活用地和生产用地平行地沿着交通干线布置的带形城市空间结构。在1930年苏联建筑师米留廷提出的城市功能空间平行发展的带状城市空间结构在斯大林格勒规划方案中有所体现后，从城区向外沿交通线形成指状延展的放射形城市空间结构在1942年的大伦敦规划中出现，规划设想从伦敦的中央轴线向南北伸出16个居住区形成指状延展；1947年哥本哈根规划也以指状延展的放射形结构使城市从单中心结构发展为多中心结构，其中城市外围的指状突起结构模仿带形城市，居住空间和就业空间沿交通线两侧布局。城市放射形结构顺应了现代城市在快速交通辅助下的扩展趋势，在居住空间分布中，城市中心对居民选择定居地的吸引力被交通线上的副中心所分担，而快速交通（尤其是快速公共交通）沿线都成为舒适方便的居住地，从而避免了单中心大城市无限度圈层扩展的趋势。

与城市分散主义相反，城市集中主义并不认为人口和多种城市职能在城市中的大规模聚集是城市病产生的直接原因，以柯布西耶为代表的城市集中主义者提出不能回避城市的聚集趋势和吸引力，消除城市病必须对城市物质形态和形体空间进行彻底改造。柯布西耶倡导在建筑设计和城市规划中用现代化的技术力量反映崭新的时代精神，以英雄主义态度建设和规划现代城市。他的规划中心思想是强调功能，控制城市用地，疏散城市中心，重视快速交通对城市空间结构的作用，主张以城市人口高密度、建筑低密度解决城市问题，提供绿地、阳光和空气。在居住空间的建设上将日照、通风、绿地、人口居住密度作为权衡居住空间优劣的标准，提出利用高层住宅提高居住密度并空出大量绿地，从而改善城市的拥挤状况，并提供优美的绿色环境。柯布西耶的"光明城"中严整的几何构图、人车分流、高层住宅与大面积的绿地就是城市集中主义的典型特征。柯布西耶倡导的"把乡村搬进城市"及田园城市倡导的"把城市搬到乡村"，对城市形态都带有相当的理想化色彩。

在现实的城市发展中，城市规划实践是在集中和分散之间作出折中。城市分散主义强调重视人的生活，城市集中主义强调城市的效率，这两点是现代城市生活所必须满足的两个方面。而且，在现代城市中通常出现两种现象并置的情况：在城市中心区，人口高度集中，以高层、高密度的居住空间形式出现；在城市边缘地带，人口密度和土地开发强度相对较低，居住空间以低层、低密度的住宅为主。以巴黎为例，在城市规划的调控下，巴黎呈现以塞纳河为轴的带形城市加多中心城市群的形态，城市总体结构与城市分散主义的理念相符，而德方斯的改造和建设则体现了城市集中主义的特征和手法。

3.1.2　功能主义与功能主义的反思

20世纪60年代以前的城市规划实践的演进中，城市居住空间的地位无疑是十分重要的。功能主义的城市规划理念至今仍影响着我国的城市规划及居住空间建设，目前大规模单一功能的居住空间，以及以邻里单位为原型的居住区和小区模式都体现了功能分区、城市等级化组织结构的作用。60年代以后，西方国家相继反思功能主义城市的种种弊端，其成果也值得我国借鉴。

20世纪60年代后，功能主义城市开始不能满足居民精神层面的要求，无法反映动态社会组织所形成的社会结构等，这些问题日益得到重视。功能主义城市以纯理性的思维方式，强调科学化的规划、绝对的土地分区、高效率的大众交通、工业区的隔离、贫民区的清除等，这一理念反映在住宅形式中是：清一色的成排公寓，全部南北朝向、阳光以精准的角度射入，满足居住功能要求的最低标准；邻里单位中徒有其表的社区中心，未能反映出实质的交往过程。这一理念反映在城市结构中为：绝然的土地分区观念，职住分离现象导致交通量大增，使居民通勤疲于奔波。城市土地的分区与人口密度分配过于武断，无法与社会结构配合，也忽略了地方特质的变化；更严重的是功能主义所带来的近乎千篇一律的建筑样式，造就毫无个性、使人们无法认同的城市环境。功能分区、等级化的组织结构和秩序、邻里单位模式等都成为反思的对象，功能至上的形体环境准则及将城市作为静态目标的规划观都被一致地批评和否定。

从《雅典宪章》到《马丘比丘宪章》可以发现在城市与居住空间规划理念上的飞跃性的进步。①从功能主义和技术主义价值观向人本主义价值观转变。从功能主义的强调功能分区，转变为重视"综合的、多功能的环境"，提出重视人与人之间的关系，强调在城市建设中尊重人的相互作用和社会交往，并由此在规划理念上将人的需要作为城市规划及空间组织的依据。②规划观从对城市终极状态的静态构想，转变为"把城市看作在连续发展与变化过程中的一个结构体系"。把城市作为一个动态系统进行整体的统筹考虑，提出遵循城市发展的动态过程，城市规划只能引导这一过程有序进行，而不能事先确定城市结构与形态。③规划方式从把规划看作一门纯技术的工作，转变为重视各方人员在规划过程中的广泛参与，并试图通过公众参与实现城市结构及形态与人的生活方式与意愿要求的统一。《马丘比丘宪章》强调"交往、过程性、参与"，表明规划理念已经从追求完美的城市物质形态与形体环境，转变为追求城市在文化与精神上的深层内涵。因此，该宪章在城市规划与居住空间建设上的影响是巨大的。

在城市组织结构上，从簇群城市结构模式、亚历山大的半网络结构模式开始，在20世纪60年代以来规划理论的发展，特别是在《马丘比丘宪章》的推动下，城市组织结构的探索也出现了新的趋势：功能分区被功能综合取代；等级化树形城市组织结构被多元复合的半网络形式取代；将"塑造多元的城市生活"作为城市规划的目标。密尔顿·凯恩斯新城规划正是城市规划理念转变的典型代表：避免严格的功能分区，将大型工业均衡布局于全市，而小型无污染企业就近安排在居住空间内；避免功能主义城市中以等级化的中心体系组织城市，而是根据居民的生活需求和生活方式布局中心等；以棋盘式道路骨架划分城市空间，在各地块内综合布局居住、工业、商业、娱乐等功能，并通过公众参与使规划与居民的要求不断逼近。从而体现功能混合型城市的三个基本原则：①就业区位的均衡分布；②路网结构的均衡布局；③强大的中心加均匀分散的服务网点。另外，在更新老城区并恢复其活力的过程中，城市历史区段中人的异质性和密集性，以及与人的生活相关的诸多因素混合所形成的生活多样性成为城市结构发展的借鉴。文化因子、历史传承等因素前所未有地被引入城市与居住问题的研究过程，社会民主化进程和公众意识觉醒所带来的公众参与等城市规划操作方法的发展使城市更加成为以人为本的城市，城市结构趋于复合和多元化。

在居住空间上，邻里单位模式逐步被社区理论所代替。社区理论建立在社会科学领域成果的基础上，强调了社会整体关怀、把居住置于社会网络的整体中；社区理论把人与所居住的环境视为一个整体，并强调人的主体性，重视人的生活与物质环境的对应，追求多层次的物质环境与多元化的生活方式复合，激发居住者对所居住环境心理和情感上的认同。在这一基础上，以小学的服务半径设定规模、以交通干道划分空间范围的方式被遵从人的认知范围和规模所代替；居住空间在组织结构上不再继续沿袭邻里单位的树形结构，并试图使居住空间向邻里生活、丰富的社会网络结构及多功能复合的空间回归，对居住空间的交往、参与、认同、秩序、意义的认识也在不断具体和深入；工作、居住、交通、休憩等各项职能不再被割裂，尤其在信息产业出现后，劳动密集型生产被高科技的知识密集型生产所代替，也为城市生产、生活、居住的空间融合奠定了物质基础，居住空间内允许与其他城市职能混合布局。至此，居住空间的构建模式发生了根本的变化，邻里单位模式逐渐被国外大城市中出现的混合居住区、居住综合体、整体式小区等取代，居住空间融入多种城市职能，比如办公、小型工业、多种服务设施，同时将多种功能立体化地进行组织。

20世纪60年代是城市与居住空间发展的重要时期，体现在两个方面。①在城市空间结构上，西方大城市走过从单中心同心圆结构向多中心城市体系的转变，在城市空间结构调整的带动下，在社会发展的促动下，居住空间也一改城市化时期大规模向城市中心聚集的趋势，转而向城市边缘及城市外围发展。②在城市和居住空间的组织结构上，表现为不断地摆脱功能主义城市规划理念的束缚，从强调功能分区向重视功能复合转变，从等级化树形组织结构向多元化网络组织结构转变，从重视物质形态向重视人的社会生活转变，从强调远期静止的规划结果向注重控制城市发展的动态过程转变，并由此使功能主义城市以及在同样的规划观念下出现的邻里单位模式经过不断的反思而最终被放弃，城市规划观从功能主义向人本主义回归。

3.1.3 可持续发展与新城市主义

早在20世纪60年代，震惊世界的"十大公害事件"就引起了人们对环境问题的重视，20世纪70年代，西方的生态恶化、能源危机和经济危机开始引起人们对现有发展观的反思，直至20世纪80年代可持续发展观的提出才确立了环境保护观指导下的发展观。1987年，联合国与世界环境发展委员会在《我们共同的未来》中提出：可持续发展（Sustainable Development）是指既满足当代人需求，又不对后代人满足他们自己需求的能力构成损害的一种发展方式。1992年，在巴西里约热内卢召开的联合国环境与发展大会上通过的《21世纪议程》更把建设可持续发展的人居环境提到前所未有的高度。可持续发展观是经济、社会、自然的协调发展，它使人类在不超越资源和环境承载力的条件下，既达到发展的目的，又能够保护自然资源和生态环境，体现了人与自然的和谐关系和人类世代间的责任感。

可持续发展观的提出将与自然生态的和谐发展作为城市发展的重要前提，在城市与居住领域可持续发展观指导下，以往的城市空间结构演进过程和相关原则被重新审视，以往以人的需求为主导的掠夺式的建设模式及不计后果的盲目发展被批判。可持续发展观强调的城市形体环境与自然环境的和谐统一原则，将影响城市空间扩展及土地利用方式与自然环境的关系，在城市空间布局原则中更加重视自然与生态的作用。在涉及资源应用与合理的城市空间结构时，土地的匮乏和不可再生被重新认识，城市合理布局、资源合理分配、控制城市低密度无序蔓延成为重要的研究课题。麦克哈格在《设计结合自然》中针对日益严重的环境问题和以往城市与自然环境相对立的城市规划理念的种种缺失，提出的城市与自然相互依赖、协调发展的城市规划操作方法得到重视和运用。在居住问题上，涉及居住空间与自然建立和谐的关系，改善人类的居住环境，以及建立面向未来的生态住区等问题，而这些方面都是以往的发展观所忽视的。

新城市主义于20世纪80年代在美国兴起，反映了注重生态的、再造城市社区活力的、可持续发展的设计理论和社会思潮，其基本理念是：从传统城市规划设计思想中发掘灵感，结合现代生活的各要素，重构人们钟爱的、有地方特色和文化气息的（个性化的）紧凑型邻里社区，取代无序蔓延的郊区模式，减少土地资源和能源的浪费，如减少小汽车的使用，减少交通拥挤，节约能源。新城市主义遵循自然与社会的融合，坚守"以人为本"的原则，强调传统、邻里感、社区性、场所精神，全面、整体、有机、可持续发展，是紧凑、功能混合、公交优先、回归传统的新社区模式。新城市主义以尊重自然为原则、构建完整的生态系统为目标，注重生态系统平衡的建设，强调不论城市发展以什么方式进行，在发展过程中起决定作用的是开发的品质而不是开发所处的位置和模式。新城市主义倡导许多独特的设计理念，突出反映在对社区的组织和建构上。邻里、分区和走廊成为新城市主义社区的基本组织元素。他们所构筑的未来社区的理想模式是：紧凑的、功能混合的、适宜步行的邻里；位置和特征适宜的分区；能将自然环境与人造社区结合成一个可持续的整体的功能化和艺术化的走廊。

尽管新城市主义在新型社区的设计和开发中已经进行了较为成功的尝试，但目前在美国并没有被广泛视为适于主导未来社区发展的模式。因为新城市主义的实际设计标准和执行操作还不能完全与北美地区的法规框架相匹配，如目前美国许多消防部门所要求的街道宽度要超过新城市主义的建议宽度；另外，新城市主义未被很快普遍采纳的原因是房地产业高度分割所形成的土地使用分类（如单户住宅用地，多户住宅用地，零售、办公和仓库用地等），每一种类别都有其不同的运作方式、市场、行业组织和融资来源。

应该认识到，对西方城市形态、结构及居住空间结构演进过程的回顾，对于我国大城市居住空间的建设具有现实意义：我国许多大城市仍没有走出单中心圈层扩展的城市发展模式，目前城市边缘方兴未艾的住宅开发不断支撑着大城市的蔓延，由此带来的居住空间结构的现状问题是多方面的。因此，有必要借鉴国外大城市的城市发展和住宅建设经验，通过大城市多中心的城市体系避免城市不断蔓延，并由此形成居住空间的良好分布格局。目前我国大城市的规划理念和规划实践仍没有完全摆脱功能主义的影响，不论城市总体规划还是居住区单项规划，都以静态预期为目标，并过分注重物质形体环境的构建。功能分区的方法被沿用至今，只有单一居住功能的大规模居住区屡见不鲜，居住空间的组织结构多年来一直沿用以邻里单位为原型的居住区及居住小区模式。因此，通过对城市与居住空间互动发展的回顾，有助于借鉴西方的经验与教训，在对比我国发展现实的同时，寻求我国居住空间结构规划的新思路。

3.2 大城市居住结构优化对策的实践

3.2.1 住宅产品构成优化对策的实践

美国的住宅发展目前已步入相对成熟的阶段，主要是由地方政府承担规划与建设，涵盖了城市低收入群体的住房。地方政府的住房建设规划也十分全面和细致，尤其注重对低收入群体住房问题的关注。美国大部分的新住房都建在郊区，在这里，家庭通常购买独户的独立住宅，良好的教育设施和良好的公共服务设施使得这些社区成为吸引人群居住、工作及建立家庭的地方，但很多低收入及中等收入的家庭无力负担这些社区的住房价格或租金。地方住房规划师可以通过区划不同的密度及住房类型为经济适用住房留下空间，如共管、多户合租及移动住房，还有独户住房。这不仅可以使得地方政府拥有的土地低价可用、为经济适用住房的建造商提供密度奖励或费用减免，而且也能改善住房类型的混合。包容性的区划规定是一项最为有用的革新，它要求普通独户住房的开发商为低收入或中等收入的家庭留出一定比例的新建住宅单元。

卡尔斯巴德①（Carlsbad）是南加利福尼亚州一个快速增长的城市，它的一项包容的区划条例要求15%的新建住宅单元作为经济适用住房给低收入家庭——即那些收入相当于地区平均收入水平80%或更低的家庭。卡尔斯巴德使用税收增量资金、来自物业过户税的城市住房信托基金收入，以及其他资金来源，为一些家庭创建了更高的补贴。20世纪90年代早期，城市发展与旧金山的BRIDGE住房公司及一个地方伙伴帕特匹克合作开发一片大型用地，根据规划，BRIDGE及帕特匹克将建造补贴的公寓项目洛马别墅，使用的资金包括CDBG资金、再开发税收资金、联邦课税扣除及开发商的现金；洛马别墅的所有单元都供应收入不超过地区平均收入水平50%～60%的家庭。成熟的开发、创造性的融资及良好的设计，最终开发了344个居住单元——其中有184套供中低收入家庭使用，远超过要求的15%的比例。值得一提的是，卡尔斯巴德不是将这些低收入住房集中在城市的某个部分，而是在总体规划中提倡将这

---

① 资料来源：美国卡尔斯巴德市政府官方网站。

些单元进行地理上的分散。卡尔斯巴德将城市分成几个象限，并分配信
贷给额外的洛马别墅单元（那些独户住房开发中超过**15%**的单元数量），
用于象限中洛马别墅的选址。信贷销售获得的资金进入城市住房信托基
金，以支持未来的经济适用住房项目。对于较大的开发商，卡尔斯巴德
创建激励机制，使其项目能够在城市中散点式分布。这种散点式的低收
入住宅的布局避免了低收入住宅区集中布置带来的社区快速衰落。卡尔
斯巴德的住房需求评估与规划，如图3-1，表3-1、表3-2所示。

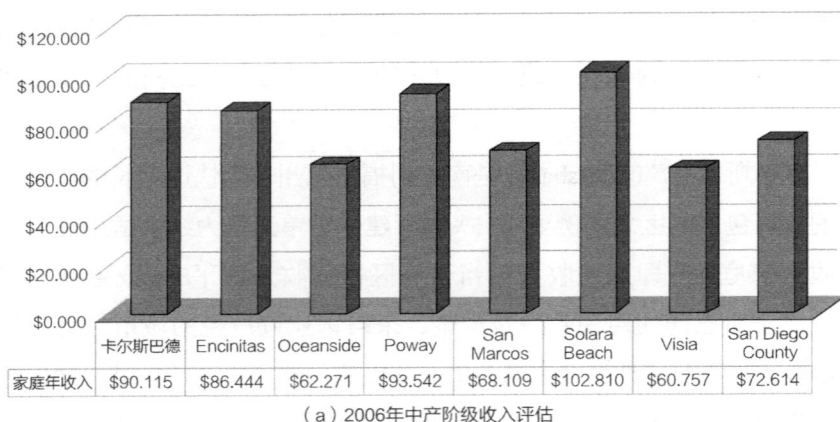

	卡尔斯巴德	Encinitas	Oceanside	Poway	San Marcos	Solara Beach	Visia	San Diego County
家庭年收外	$90.115	$86.444	$62.271	$93.542	$68.109	$102.810	$60.757	$72.614

（a）2006年中产阶级收入评估

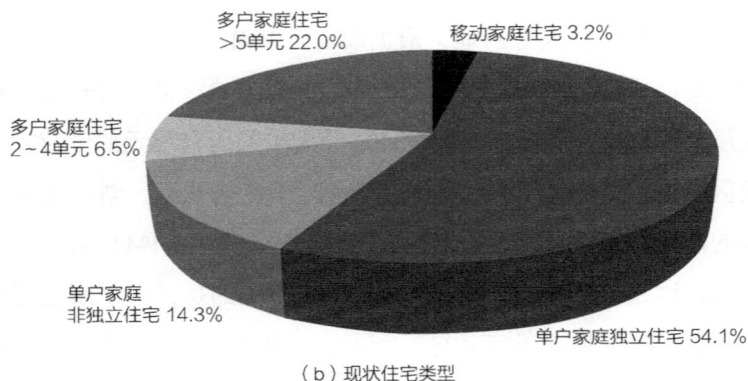

（b）现状住宅类型

图3-1　美国卡尔斯巴德的住房需求评估与规划

资料来源：美国卡尔斯巴德市政府官方网站。

1990年与2005年住宅类型对比 表3-1

住宅单元类型	1990年		2005年	
	套数	占比	套数	占比
单户家庭独立住宅	12318	45.2%	21794	54.1%
单户家庭非独立住宅	5165	18.9%	5766	14.2%
多户家庭住宅 2 ~ 4 单元	1643	6.1%	2604	6.5%
多户家庭住宅 > 5 单元	6593	24.2%	8852	22.0%
移动家庭住宅及其他	1516	5.6%	1291	3.2%
总计	27235	100.0%	40307	100.0%

低收入家庭住宅援助的需求评估 表3-2

家庭类型、收入和住房困难	租房者				业主		家庭总计
	老年人	小家庭	大家庭	租房者总计	老年人	业主总计	
极低收入家庭（0 ~ 30%AMI）	238	274	89	1061	384	810	1871
有某种住房困难（%）	83	91	96	81	76	77	79
住房负担大于 30%（%）	71	80	96	74	77	77	75
住房负担大于 50%（%）	64	76	73	67	66	70	68
较低收入家庭（31% ~ 50%AMI）	273	413	107	1223	474	893	2116
有某种住房困难（%）	87	89	96	90	55	72	82
住房负担大于 30%（%）	84	86	64	85	55	72	80
住房负担大于 50%（%）	64	52	32	58	34	57	58
低收入家庭（51% ~ 80%AMI）	329	585	214	1808	1150	2080	3888
有某种住房困难（%）	71	71	98	76	40	59	67
住房负担大于 30%（%）	71	60	30	63	40	59	61
住房负担大于 50%（%）	18	17	9	17	22	34	26
家庭总计	1334	4082	805	10285	5995	21196	31481
有某种住房困难（%）	65	38	76	45	29	31	36
住房负担大于 30%（%）	60	32	34	38	32	30	33
住房负担大于 50%（%）	31	13	15	31	13	12	14

　　另外英国城市纽卡斯尔（Newcastle）在住房建设规划方面也相当成功[①]。纽卡斯尔是位于英国东北部的一个区域中心和交通枢纽城市。在2006年年底，市政厅提出了《迈向可持续的未来的住屋——纽卡斯尔住宅战略2006～2021年》（*Homes for a Sustainable Future, Newcastle's House Strategy 2006～2021*）（图3-2）。按照其住宅发展规划，到2021年，这个城市将拆除3000套住房，修建15000套住房（这样净增的住房共12000套），包括独立住房9000套、公寓6000套，其中廉租房1200套、过渡性住宅1800套、低收入住宅1800套；新修的房子里面7500套是有三个卧室或更多卧室的套型，其中2500套是四间卧室以上的套型。为了保证购房时合理的负债率，规划设定理想贷款额为家庭年收入的3.5～4倍；对于租房的情况，要求租客租金占其收入的25%以下。

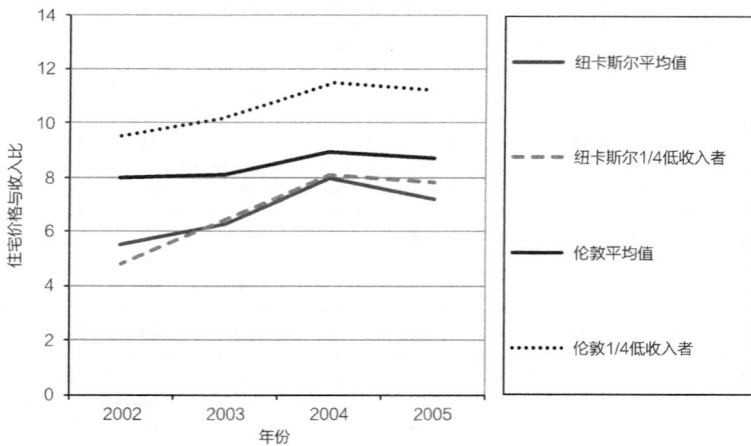

（a）房价收入比（与伦敦的比较）

图3-2　英国纽卡斯尔住房建设规划（2006～2021年）
资料来源：纽卡斯尔政府官方网站。

① 资料来源：英国纽卡斯尔政府官方网站。

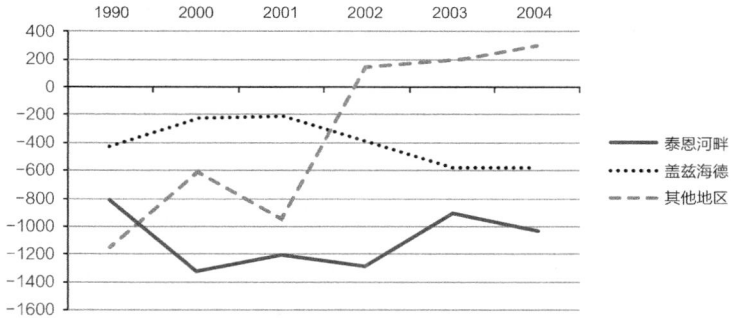

1999～2004年平均值：迁出人口数1860，其中泰恩河畔1110人，盖兹海德400
人，英格兰和威尔士其他地区350人

（b）纽卡斯尔人口迁移分析

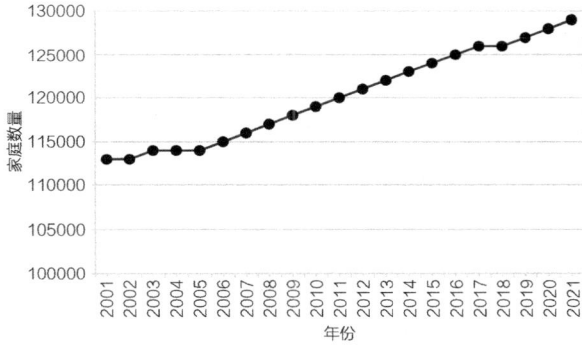

（c）家庭数量预测（2006～2021年）

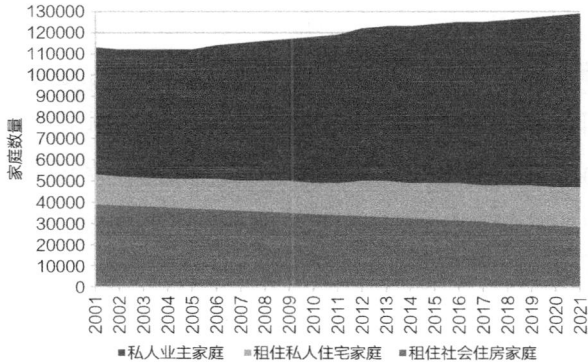

（d）按住宅产权区分家庭数量的预测（2006～2021年）

图3-2 英国纽卡斯尔住房建设规划（2006～2021年）（续）

　　规划还要求提高全市142个社区的社区感和居民参与度，因此专门针对老龄化人口提出了一系列措施：针对不能自理的老年人，住房发展规划专门提出了家庭护理和护理住宅的计划，要求针对老龄人口的新住房达到1000套。规划专门针对该城市地区的有色居民（和难民），提出了增加就业率、预防犯罪、增强社区性的措施，在住房方面对他们提供专门的帮助。规划还针对弱势群体（主要指因为各种原因而无家可归的人）提出了专项住房解决措施。纽卡斯尔在2002～2005年间，每年度有约2600人向政府申请帮助，其中申请被受理的有900～1000人。政府倾向于经由预防和帮助的措施，减少无家可归情况的发生。措施主要用于解决青少年问题、家庭暴力、租赁纠纷等。政府提供多种服务来帮助无家可归者，如难民床位、日夜救护中心等。规划中政府拟达到一系列的目标，如识别处境危险的人，对吸毒者提供特别帮助，订立药物和酒精条例，对问题青少年提供专项住房帮助，提高相关医院服务功能，设立专项基金、开展专项调查、实施专项规划及建立多代理合作的框架等。

　　纽卡斯尔住房发展规划有着具体的实施计划，这里不作仔细论述。它主要提到政府和地方政府、私人开发界、居民社区、金融部门等的密切协作，并且在施行的过程中要进行实效观察和措施调整。它还专门强调了新的房屋建设要达到良好的质量、要满足绿色建筑的要求等。

　　纽卡斯尔住房发展规划非常清楚地指出，居民的收入情况和住宅的价格之间有个巨大的鸿沟，即平均房价超出了平均居民收入的7倍多（前者为170000英镑，后者为20000英镑）。从这个数据看，该地区的房价内部差异是相当大的，说明地区存在严重的收入差，即地区存在严重的贫富差距。

　　纽卡斯尔的住宅规划对我国住房建设规划有如下重要启发：①一个住宅发展战略的形成，需基于准确全面地了解现状，因此科学的调查研究和数据统计是必不可少的；②只有社会各界一起参与，周密的规划才能形成；③公共（社会）住宅是应对高房价和房地产泡沫的有效手段；
④需要有合理的住房金融信贷计算才能对城市住房分配管理进行细化，
如纽卡斯尔建议，理想的房贷额度为一个家庭年收入的3.5～4倍，理想
的房屋租金应占家庭收入的25%以下。

　　另外，中国香港的住房保障体系也是公认十分成功的[①]。香港保障
性住房供应体系的建立最初缘于救灾，但其发展却是因为普通市民凭
自身的力量难以从市场的途径解决居住问题。在经济尚不发达的20世纪
五六十年代，许多香港人连普通公寓的租金都负担不起，只能居住在简
陋的寮屋中，随着经济快速发展，房地产业持续繁荣，大量的投机与炒
买使香港房地产的价格不断高涨，高昂的房价使得为数众多的普通市民
望而兴叹。私人开发的住宅价格远远超出普通市民的可承受能力，难以
从市场途径解决居住问题的普通市民只能寄希望于政府的福利性住房政
策。香港的保障性住房供应（公屋制度）正是因此而从最初的为灾民解
困转为解决普通市民的居住问题，公屋建设也由临时性转为持续和永久
的政策。保障性住房供应体系主要提供居屋和公屋两类住房，公屋供符
合条件的申请者租住，居屋供符合条件的申请者购买。这两类住房虽然
同属保障性住房供应体系，都是面向中低收入的市民，但又根据这部分
市民的不同收入情况和对住房消费的不同需求提供了不同的解决方案。

　　香港保障性住房供应体系最直接的作用当然是解决了占总人口一半
的中低收入市民的居住问题，从另一方面说，这是一种对其土地批租制
度和高度市场化机制的补充和协调措施。香港特区政府从土地资源上取
得可观收益，用诸社会，推动香港的繁荣与发展。保障性住房供应体系
的实施改善了市民的居住条件，在一定程度上缩小了贫富差距，促进了
社会安定，树立了良好的政府形象。香港保障性住房供应体系的另一个

---

① 刘云，宁奇峰，陈伟. 香港保障性住房供应体系的特点及其启示［J］. 现代城市研究，2002（4）：
　　62-64.

重要作用是有效抑制住房市场的超常发展。香港特区政府对私营住房市场的运作实行不干预的策略，但事实上却是通过土地政策和公房政策对其进行宏观的调控。香港住房供应体系中比较突出的是政府在住房政策中向中低收入阶层倾斜。政府不仅给予资金的贴补，还以直接干预的方式进行公共房屋的建设。

经过多年的努力，香港已告别了昔日的房荒，但政府仍是租赁市场上的主导者。从增量上分析，政府兴建的出租公屋占每年竣工住宅的**35%~50%**；但从存量上分析，政府供给的出租房和补贴出售的住房所占比重略低于私营部门。就人口的分布来看，居住在公房和私房的人口各占一半，从而形成了公营与私营并存、相互补充，租与售平分秋色的市场格局，是较为成功的城市住宅产品构成模式（图3-3）。

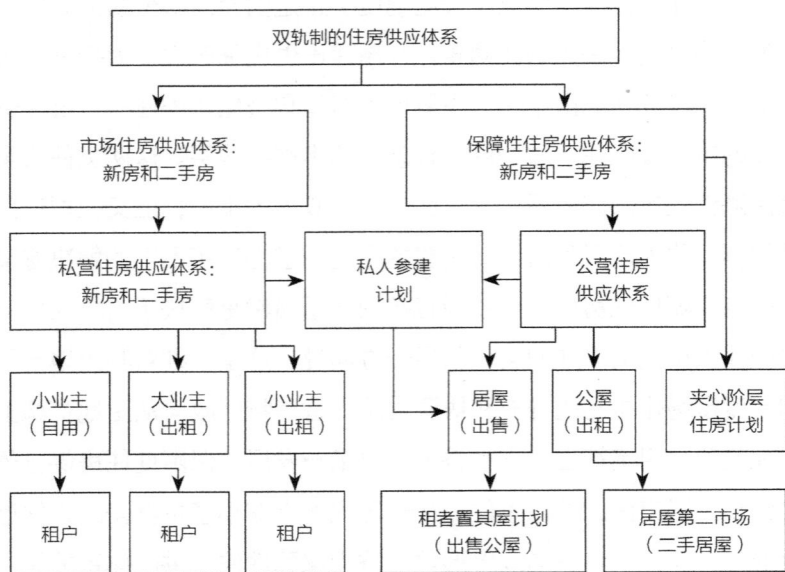

图3-3 香港住房供应体系结构示意

资料来源：作者改绘自刘云，宁奇峰，陈伟. 香港保障性住房供应体系的特点及其启示 [J]. 现代城市研究，2002（4）：62.

3.2.2 就业和居住区位优化对策的实践

新加坡的概念规划对就业和居住区位的合理布局十分重视，并通过公共交通系统满足通勤的需求。2001年新加坡概念规划（The Concept Plan，2001年）提出了若干规划要点：在熟悉的地方建设新住屋；城市生活有更多的休闲选择；商业用地更加灵活；形成全球的商业金融中心；建设更加密集的轨道网络；更强调各地区的特色。在新加坡的概念规划中，希望在北部、东北部和东部区域持续提供更多的居住地点附近的就业岗位。同时，在城市的西部建设更多的住宅，使得更多人能够居住得离工作岗位更近一些。新加坡作为一个全球性的金融港，更多的金融活动会被集中在中心地区。因此，三个区域中心将会提供足够的在中心区域外的商业需求空间。

新加坡道路骨架为蜂窝状，综合了放射形路网和方格形路网的优点，按照路网密度排名，其在全世界位于第3位。为了缓解日益增长的交通压力，新加坡政府努力完善道路网建设，但越来越多的实践证明，光靠修路并不能解决交通问题。新加坡从1970年起，就不断出台新的或改进老的交通管理措施，包括以下几方面：①通过大力发展公共交通——贯穿全国的地铁、轻轨系统及发达的陆地公交汽车网络系统，以满足市民的出行需求，另外通过GPS自动调动系统提高出租车效率；②以电子收费系统限制公交车以外的车辆在高峰时间进入闹市区；③每年有一定限量的轿车购买指标以防止车辆增长的速度过快；④大力进行道路系统、停车场、停车楼的建设。

和新加坡不同，位于东京西部的多摩新城是另一种形式的典型[①]。东京的多摩新城是经过较周密的城市规划和设计而逐步建设起来的城

---

① 资料来源：陈劲松. 新城模式：国际大都市发展实证案例［M］. 北京：机械工业出版社，2006：108-113.

市。从1964年开始开发，目前已经经历50多年。多摩新城位于东京都西部距离都心30～40千米的多摩丘陵地带，新城总规划面积为3016公顷，其中绝大部分为住宅用地，总规划人口为37万。多摩新城是完全以居住功能为主的东京卫星城之一，通过便捷的铁路交通系统规划解决通勤的需求。1971年多摩新城第一批居民的入住，标志着日本东、中、西三大城市圈新城建设全盛时期的到来。多摩新城规划的两个明确目的是：在经济高速发展的环境下，以首都近郊拥有广阔土地的多摩市为核心，建设可吸引并容纳东京人口的大型"卧城"；追求人与环境共生的理念，不在新城中开辟商务区。

多摩新城建设用地的获取主要依靠两种手段：由东京都政府、住宅与城市建设公团和东京都住宅供应公社三家建设单位，以全面收购方式，买下建设所需总用地2984公顷中78%（约2317公顷）；由东京都政府负责实施，以换地方式，换取用地总数的22%（667公顷）。解决当地农民生活出路的几种途径有：诱导土地所有者将持有土地开发为高尔夫球场营利，但由于经营不善等原因，最终放弃或出让土地；为完全脱离农业者，在新城中优先安排工作；放弃原有的农作，改为他种农作；为坚持原有农作的农家在较偏远的地方安排置换田。多摩新城在解决农业人口的问题上，采取了可持续发展的做法。由于新城规划地区的大部分土地原先是农田，土地被征购之后一般还会经历很长一段等待开发的时间。日本立法规定：将留出5～10年的时间使农民逐步适应城市生活，同时他们必须继续在暂未开发的保留地（即与建成区为邻的城市规划区）内从事农业生产以保障自己的土地，但限制农业生产外的其他一切经济活动。5～10年后，保留区内那些希望继续从事农业生产的人和希望在城市生活的人将分别住在新城中功能各异的独立地带内，前者将会卖掉自己的原有土地，迁到独立的农业地带。从东京新宿到多摩中心的距离为29.2千米，乘坐电铁快车十分快捷便利。东京多摩新城是通过有效的公共交通系统解决"卧城"问题的成功典范。

3.2.3 公共服务设施优化对策的实践

新加坡以"区规法"的形式强制监督公共设施的建设①。新加坡建屋发展局（HDB）负责绝大多数住宅的开发建设，也承担了居住区内几乎所有公共设施的建设任务，但建屋发展局并不承担学校和医疗机构的建设。新加坡教育体系中的初等教育和中级教育相当于我国的小学教育和中学教育，承担义务教育的学校主要由教育部负责提供。建屋发展局在规划及建设新区时，预留了拟建学校的用地，由教育部负责建设（表3-3）。

新加坡公共服务设施分类及建设方式一览表　　　　　表3-3

经济属性	类型	项目名称	设置区位			投资建设	建筑物产权
			居住区	居住小区	组团		
社会公共产品	教育	幼儿园			○	HDB	HDB
		小学		○		教育部	政府
		普通中学	○			教育部	政府
	医疗卫生	综合医院	○			卫生部	政府
		社区医疗服务中心	○			卫生部	政府
		综合小门诊			○	私人	私人
	社区服务	社区服务／受理中心	○			HDB	HDB
		老人院（敬老院）	○			HDB	HDB
		残疾人康复中心	○	○		HDB	HDB

① 资料来源：新加坡政府网站。

续表

经济属性	类型	项目名称	设置区位			投资建设	建筑物产权
			居住区	居住小区	组团		
社会公共产品	文化体育	社区文化活动中心	○			HDB	HDB
		科普教育培训中心	○			HDB	HDB
		运动场	○			HDB	HDB
		游泳馆（场）	○			HDB	HDB
	市政公用	社会车辆停放（库）	○			HDB	HDB
		消防站	○			HDB	HDB
	商业	肉菜农贸市场	○			HDB	HDB
	行政管理	街道办事处	○			HDB	HDB
		派出所	○			HDB	HDB
		工商所	○			HDB	HDB
		税务所	○			HDB	HDB
		市政管理所	○			HDB	HDB
社会准公共产品	文化体育	小区文化活动中心		○		HDB	HDB
		文化站			○	HDB	HDB
		球类场地		○	○	HDB	HDB
	公用设施设备	小区社会车辆停放场		○	○	HDB	HDB
		变电房			○	HDB	HDB
		路灯配电室			○	HDB	HDB
		燃气调压站		○		HDB	HDB
		液化气罐站		○		HDB	HDB
		加压水泵房			○	HDB	HDB
		公共厕所			○	HDB	HDB
		垃圾压缩站		○		HDB	HDB
		小区绿化		○		HDB	HDB
		小区道路		○		HDB	HDB
	社区管理	居委会			○	HDB	HDB
		卫生站			○	HDB	HDB
		业主委员会与物业管理站		○	○	HDB	HDB
	金融邮电	邮政所		○		HDB	HDB
		电信营业所		○		专营机构	专营机构
	市政公用	液化气供应站（煤气站）	○			专营机构	专营机构
		110千伏变电站	○			专营机构	专营机构
		公交站场	○			HDB	HDB
		市政营业所	○			专营机构	专营机构

续表

经济属性	类型	项目名称	设置区位			投资建设	建筑物产权
			居住区	居住小区	组团		
私人产品	社会福利	托儿所			○	HDB	HDB
		托老所		○	○	HDB	HDB
		老人公寓	○			HDB	HDB
	文化	电影院	○			HDB	HDB
	商业服务业	各类商业、金融服务业设施	○			HDB	HDB
		储蓄所		○		HDB	HDB
		书店	○			HDB	HDB
		一般商业服务		○		HDB	HDB

资料来源：新加坡政府网站。

对于公益性设施而言，建屋发展局作为一个法定机构，其开发房屋包括建设社会公共产品所需的运作资金主要是政府提供的低息贷款，而居民通过公积金买房，很可能也负担了公共产品的建设成本。但是应该看到，政府除了通过低息贷款予以扶持外，每年都针对其经营亏损提供大量的财政补贴。据新加坡建屋发展局2001年报显示，新加坡政府当年给予建屋发展局9.2亿新元的财政补贴，66.5亿新元的低息贷款，政府提供的贷款累计达736亿新元。这些还不包括政府无偿划拨给建屋发展局用以开发房屋的土地地价。虽然建屋发展局对于房屋和公共设施的建设没有作非常明确的划分，但就政府的投入而言，远超过了提供公共产品所需要的资金，因而其建设公共设施的成本也应被视作是由政府财政负担的。

国际上这些关于城市居住结构优化对策的成功经验，无论是政策目标的设定还是规划方法的创新，对中国城市居住结构优化对策的制定有不少启发作用，并且具有一定的借鉴意义。但由于城市发展水平、社会经济和制度环境的不同，这些成功经验还无法直接借鉴，需要从中国的实际问题和现实背景的基础出发，研究适合中国国情的城市居住结构优化对策。

3.3　小结

　　本章回顾了西方城市空间结构规划理论的发展，从分散主义到集中主义，从功能主义到功能主义的反思，从可持续发展到新城市主义，在此基础上阐述居住空间布局理论的发展历程，城市空间结构规划理论的发展，说明了规划界对于城市空间结构规划布局的认识已经从单纯注重空间布局，转变为注重社会、经济整体综合的可持续发展理念，对我国的城市居住空间布局建设有一定的借鉴意义。此外，对城市居住结构优化对策的一些城市实践进行了简要阐述，包括美国加州的卡尔斯巴德、英国的纽卡斯尔的住房建设规划、我国香港地区的住房保障制度，以及新加坡概念规划中对就业和居住区位的布局、日本东京多摩新城的规划、新加坡的公共服务设施规划等。

第 4 章

城市案例一：
济南商埠区

本章选取山东省济南市的商埠地区作为城市旧区居住结构研究的案例[①]，通过对济南商埠区城市居住结构的住宅产品构成、就业与居住区位及公共服务设施三个层面的现状阐述和问题分析，归纳城市旧区居住结构的共性问题，并结合济南商埠区城市居住结构的优化对策进行评析。

4.1 济南商埠区发展背景

4.1.1 概况

济南商埠地区位于济南市二环路以内，古城以西。自1906年开埠以来，商埠区经过百余年的发展成为济南近代商业文化最典型的代表。然而随着城市建设步伐不断加快，商埠区也开始面临种种新问题。在最新的济南城市总体规划中："城市二环路以内地区划定为旧区。对旧区内功能高度集中、人口和建筑密度较高的地区实施'中疏'策略。控制人口容量和建筑容量，疏解旧区功能和交通，增加绿地、开敞空间和服务设施，提升旧城整体环境和城市功能。"其中，商埠区历史建筑的改造更新和随之带来的居民外迁问题逐渐凸显。

调研时，商埠区内居住片区主要以中华人民共和国成立前建设的旧式里弄、合院住宅及中华人民共和国成立后20世纪80年代以前建设的集体宿舍住宅为主。这些房屋大多比较陈旧，面积狭小，人口密度较高，居住环境相对较差，亟待改造。本次调查研究的商埠区面积为295

---

① 本案例调研的时间为2004年。

公顷，涉及市中区2个街道办事处，分别是大观园街道办事处与杆石桥街道办事处；槐荫区4个街道办事处，分别是五里沟街道办事处、西市场街道办事处、青年公园街道办事处与振兴街道办事处。据2005年年底街道提供的派出所户籍统计数据，按平均人口密度估算，商埠区规划范围内总户籍户数8154，总户籍人口数30658，平均人口密度277人/公顷。

4.1.2 早期近代城市住宅发展时期

1906年，济南成为全国第一个自开商埠的省会城市。20世纪10～30年代期间，济南共增加人口11万余人，其中超过80%的人口进入商埠区，仅有10%的人口属于旧城区。在津浦、胶济铁路开通和自开商埠之前，华北传统的四合院一直是济南城市住宅的最主要形态。通路开埠之后，济南的经济地位迅速提升，城市人口迅速增长，与国外及国内其他城市的交流日益频繁。在这个过程中，济南的住宅形态也逐渐走出单一模式：从合院式向里弄式逐步过渡；建筑层数有所突破；新式的联排、独栋住宅开始出现。这些新兴的城市住宅，印证着济南城市的近代化转型。已逾百年的商埠区作为济南近代化的策源地，分布着大量近代城市住宅。在延续华北居住传统、吸收上海等地里弄住宅经验的基础上，形制更紧凑、更规范的合院式里弄，逐渐成为济南商埠区的主要住宅形态。另外一种商埠区的住宅形式是商住结合，街道的商业化是近代化城市的重要特征，因此房屋的商住结合成为新需求。合院建筑的沿街面往往被加建或改建成商业用房，而商业用房的后院或上层房屋也往往会被改造成住宅。济南商埠区有不少沿街的2层建筑，就是这种商住混合形式。商埠区的居住用地绝大多数都在三类及以下，即市政设施比较齐全，环境一般。其中有四分之一为四类住宅，基本都是历史建筑。这些近代历史住宅建筑主要分布在济南商埠地区的经五路和经六路沿线一带。

4.1.3 中华人民共和国成立后的单位福利住宅时期

由于商埠地区紧邻济南城市工业用地，中华人民共和国成立后为解决工厂工人住房紧缺的问题，在济南商埠地区纬五路和纬四路沿线一带集中了一部分新中国成立后兴建的单位集体宿舍式的住宅楼。这些住宅建筑主要以砖混结构为主，高度大约为3～6层，基本以集合住宅的形式出现，建筑密度较高。目前，部分这类住宅建筑由于年代较久且当时建设标准偏低，所以质量普遍较差。济南市从20世纪90年代中期逐步组织公有住房的出售，从调查研究中了解到，这部分单位福利住宅中相当大的一部分已由单位在20世纪90年代末期出售给居民所有。

在调查研究期间，济南商埠地区的住宅形式，除少量新建商品住宅小区外，以上述近代住宅和中华人民共和国成立后建设的集合住宅为主（图4-1）。

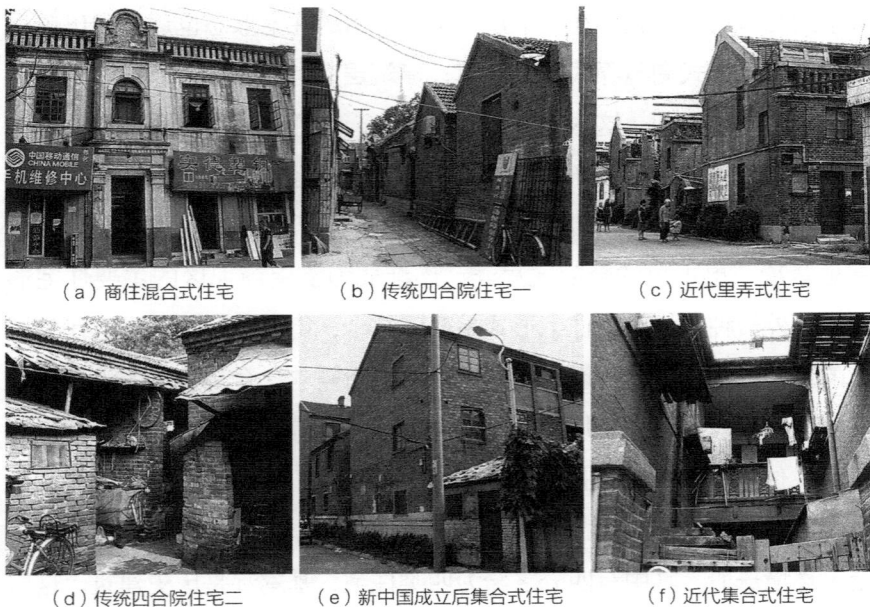

（a）商住混合式住宅	（b）传统四合院住宅一	（c）近代里弄式住宅
（d）传统四合院住宅二	（e）新中国成立后集合式住宅	（f）近代集合式住宅

图4-1　调研时期济南商埠地区住宅现状照片

4.2 案例研究设计

4.2.1 问卷设计

根据前文对城市居住结构内涵的阐述，对于典型案例城市片区的调查研究问卷设计框架见表4-1，主要调查的信息包括典型案例城市片区被访者家庭及家庭的基本情况、城市旧区的住房现状和购房需求等，并分别针对上述要点设计了调查研究问卷。问卷的发放先按照2%的比例

城市居住结构调查问卷设计框架　　　　　　　表4-1

被访者家庭及家庭的基本情况	家庭主要就业者（收入最高）的情况	性别
		户口所在地
		年龄
		职业
		工作单位类别
		受教育水平
	家庭情况	家庭人口
		恩格尔系数
		家庭年收入
城市旧区	住房现状	产权类别
		户型
		建筑面积
		对现有住房评价
	购房需求	是否希望新购住房
		希望购房面积、价格
		希望付款方式
		是否公积金
	交通出行	上班出行时间
		上班出行方式
		交通评价
	公共服务设施	公共服务设施使用
		公共服务设施评价

在调查片区内进行试发①，通过试填反馈对问卷进行修改，然后进行问卷全面发放。在问卷填写过程中，部分家庭可采取访谈的方法对问卷外的信息进行记录。

其中，除了对济南商埠地区居民基本信息、住房现状和基础设施现状进行调查研究外，重点对其旧区居民的居住需求进行调查研究，通过比对案例城市的商品房价格区间、房屋租赁价格区间和居民的住房消费购买力，从宏观上得出中低收入群体需求和供给是否存在缺口的结论。

4.2.2 抽样方法与样本代表性评估

本次问卷调查选取了5个街道办事处，分别是市中区的大观园街道办事处与杆石桥街道办事处，以及槐荫区五里沟街道办事处、西市场街道办事处、青年公园街道办事处；振兴街道办事处由于涉及商埠的居住人口较少而未被列入调查范围中。其中，五里沟街道办事处、西市场街道办事处、青年公园街道办事处各发放问卷200份，大观园街道办事处与杆石桥街道办事处各发放问卷400份和100份。调查研究采取了访谈和问卷填写相结合的方式进行，通过当地居委会的协助选取居住片区，从中挑选有代表性的样本家庭进行问卷填写，保证了问卷的可信度。不少家庭还提供了问卷之外更为详细的居住相关信息。本次调查共计发放问卷1100份，回收有效问卷1003份，问卷有效率为91.2%，符合调查问卷回收要求。

从调查对象的性别来看，男性和女性的比例分别为48.0%和52.0%，符合抽样标准。从调查对象的年龄来看，被调查对象的平均年约为45

---

① 2%指试发问卷占需要发放问卷总数的比例。

岁，标准差为12.3岁，符合抽样标准。从学历上来看，被调查对象中初中学历和高中学历居多，分别占样本总数的22.5%和50.8%。从家庭人口数来看，被调查对象的平均家庭人口数为3.24人，标准差为1.05人。从家庭人均月收入来看，被调查对象的家庭人均月收入为504.74元，标准差为440.02元，相对低于济南城市家庭人均收入水平①，这说明位于旧城区居民属于济南城市较为贫困的群体。从样本的主要指标来看，样本的分布基本合理。图4-2为调研地区居民生活照片。

图4-2　济南调研地区居民生活照片

4.3　济南商埠区城市居住结构

4.3.1　住宅产品构成

在抽样的家庭中，私房率为67.6%，而其中以单位出售公房比例最高，占样本总数的41.6%；其余自购商品房、私房自住和拆迁回迁房

① 2005年济南城市家庭人均可支配年收入为12310元，由此计算出人均月收入为1025.8元。数据来源：济南2006年政府工作报告，来自济南市政府网。

分别占**13.4%**、**13.2%**和**8.0%**。公房基本以单位分配房为主，占样本总数的**23.8%**（图4-3）。样本家庭的构成以三口之家为主，占样本总数的**51.9%**。样本家庭的房屋面积较小，多为60平方米以下人均住房面积约为**15.0**平方米，低于全市平均水平（图4-4）。其中有**15.8%**的家庭与邻居合用厨房，**27.1%**的家庭与邻居合用厕所。从居住时间来看，样本家庭的居住时间超过15年的占**35.4%**（图4-5）。从住宅类型来看，商埠区主要包括集合式住宅、近代里弄式住宅和传统四合院住宅（图4-6）。大多数家庭认为目前的住房状况较拥挤，认为比较拥挤的占样本总数的**31.5%**，认为非常拥挤的占**25.5%**。大多数家庭对目前的住房状况持不满意态度，认为不太满意的占**34.6%**，认为很不满意的占**26.5%**。总的来说，济南商埠区居民居住状况较差，居住满意度较低，并且调研数据也

住房类型	有效百分比	累计百分比
单位分配房	23.8	23.8
单位出售公房	41.6	65.4
自购商品房	13.4	78.8
私房自住	13.2	92.0
拆迁回迁房	8.0	100.0
总数	100.0	

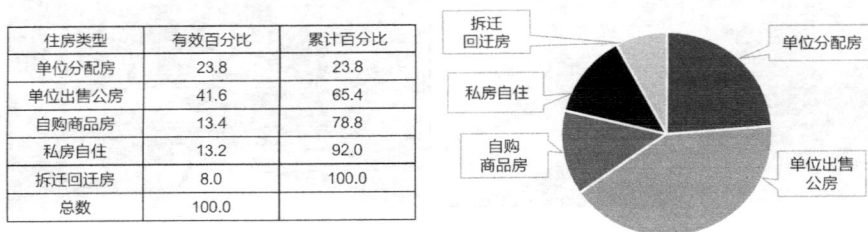

图4-3　商埠区样本居民住房来源比例

人均居住面积	有效百分比	累计百分比
小于5平方米	15.3	15.3
5～10平方米	35.1	50.4
10～15平方米	10.9	61.2
15～20平方米	15.7	77.0
20～25平方米	10.5	87.5
25～30平方米	4.6	92.1
30～40平方米	3.2	95.4
40～50平方米	4.2	99.6
大于50平方米	0.5	100.0
总计	100.0	

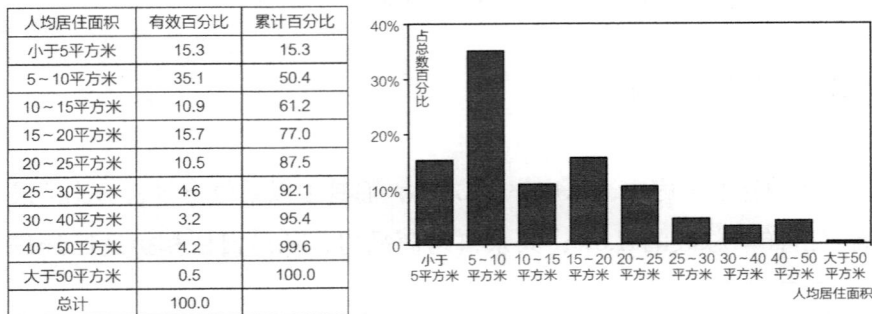

图4-4　商埠区样本居民人均居住面积

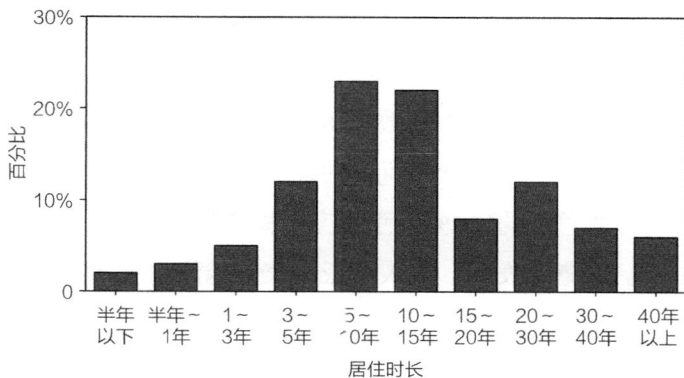

图4-5　商埠区样本居民居住时长

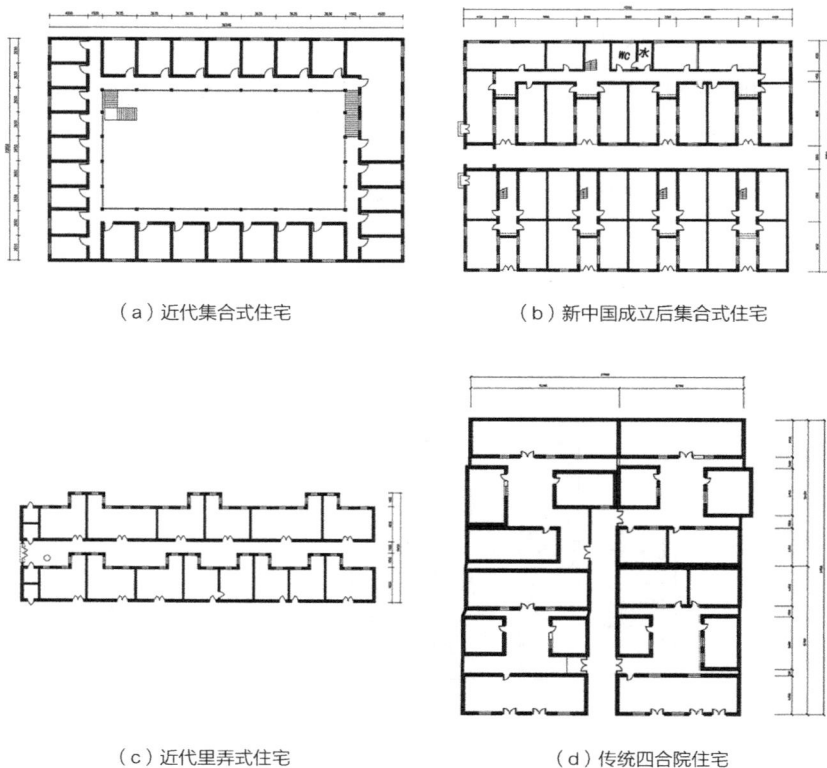

（a）近代集合式住宅

（b）新中国成立后集合式住宅

（c）近代里弄式住宅

（d）传统四合院住宅

图4-6　商埠区部分住宅户型图

表明大多数济南商埠区居民短期内有迁居需求。

大多数居民希望在未来五年内更换目前的住房，占样本总数的**71.8%**，不希望更换的占样本总数的**28.2%**。居民希望购买新房的建筑面积集中在**80~100**平方米这个区间，占样本总数的**41.7%**；其次是**60~80**平方米，占样本总数的**27.2%**；可见，样本家庭主要还是希望购买中小户型的住宅。调查中发现，收入越低的家庭越倾向于购买小面积的住房；反之，收入越高的家庭越倾向于购买较大面积的住房。在居民能够承受的购买新房价格方面：从房屋单价来看，绝大多数居民表示能接受**2500**元/平方米以下的价格，占样本总数的**90.7%**；从房屋总价来看，绝大多数居民表示能接受房屋总价**20**万元以下的价格，占样本总数的**82.8%**（图4-7~图4-9）。

据2003年8月济南市人民政府颁布的《济南市城市房屋拆迁管理办法（修正）》，新的拆迁住宅房屋区位单价标准，商埠区属于二类区，价格为建筑面积2900元/平方米。根据这个拆迁补偿价，粗略估算经过

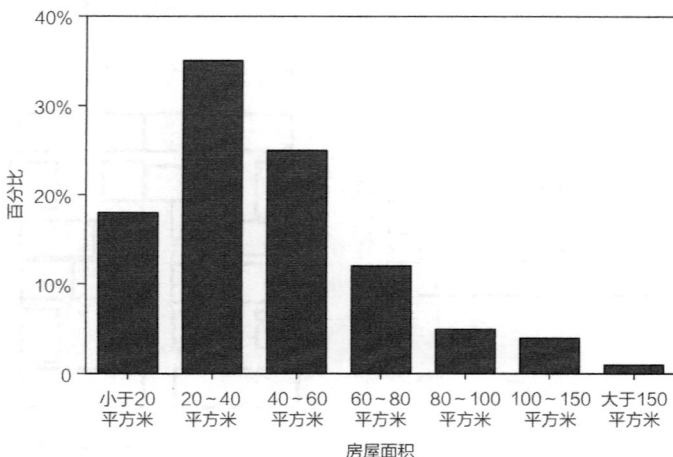

图4-7　商埠区样本居民房屋面积

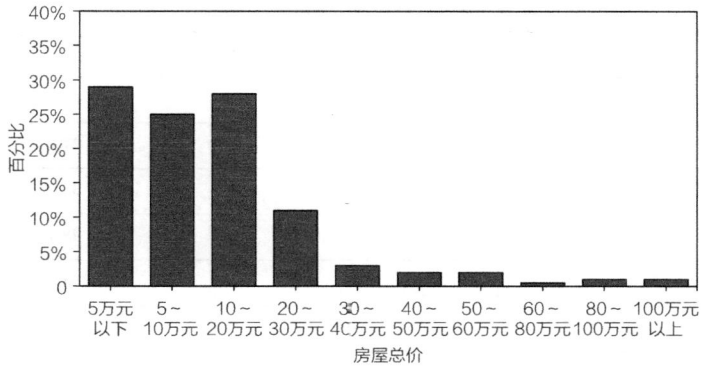

图4-8　商埠区样本居民可以接受的房屋总价

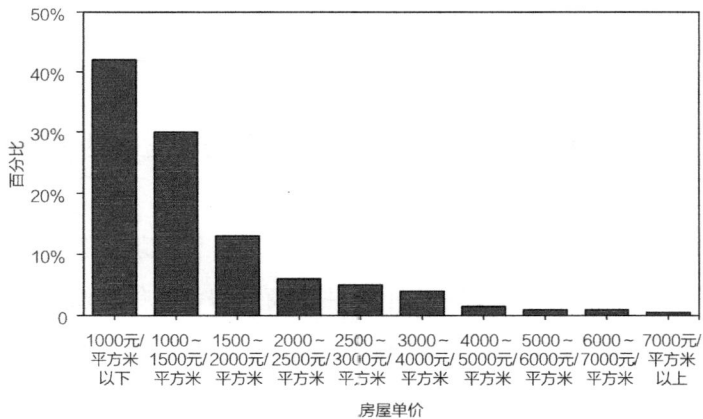

图4-9　商埠区样本居民可以接受的房屋单价

拆迁补偿后样本家庭①的居民实际购买住房的单价水平见表4-2所列，约80%以上的居民只能承受4000元/平方米以下的住宅单价。另一份2007年初济南房地产调查显示②，能接受的购房价格在1000～3500元/平方米之

① 产权非本户的家庭按拆迁补偿款为0计算。
② 搜房网济南分站联合济南时报、都市女报、齐鲁周刊开启"2007年春季购房大调查"活动，共5000多人投票。数据来自搜房网。

拆迁补偿后居民实际能购买住房单价水平（估算）　　表4-2

	有效百分比（%）	累计百分比（%）
1000 元 / 平方米以下	7.4	7.4
1000 ~ 1500 元 / 平方米	14.0	21.4
1500 ~ 2000 元 / 平方米	12.1	33.5
2000 ~ 2500 元 / 平方米	14.5	48.0
2500 ~ 3000 元 / 平方米	8.9	56.9
3000 ~ 4000 元 / 平方米	24.8	81.7
4000 ~ 5000 元 / 平方米	11.9	93.6
5000 ~ 6000 元 / 平方米	5.0	98.6
6000 ~ 7000 元 / 平方米	1.4	100.0
总计	100.0	

间的市民占到50.4%，能接受3500 ~ 4600元/平方米之间的占到40.0%，这与本调研的结果基本相符。

2007年年初以来商品房供需情况统计显示，济南城市住宅房地产均价为4562元[①]。4000元/平方米以下的住宅商品房基本位于城市二环路附近或者以外，属远离市中心的较偏远区位，如果商埠区内居民选择拆迁补偿后自购普通商品房，则必须搬离原有市中心的区位（图4-10）。本研究中此地区样本家庭有60.0%问卷回答者属于无业或者退休人员（图4-11），而据调研统计结果，超过80%的家庭月总收入低于2000元。排除问卷发放的人为干扰因素，仍可以得出结论：商埠区居民大多数为低收入家庭。如果拆迁后居民搬离商埠区，远离原有生活工作的地理网络，居民的就业将会面临一定困难。如图数据可见，济南商埠城市旧区居民现状反映出部分城市低收入群体的迁居困难问题。

① 数据来源：中国房地产信息网。

	一类区	3200元/平方米
	二类区	2900元/平方米
	三类区	2400元/平方米
	四类一等区	1700元/平方米
	四类二等区	1300元/平方米
	五类区	900元/平方米
	六类区	500元/平方米

图4-10　济南住房拆迁补偿价格分布图

资料来源：作者自绘，数据来自《2003济南市城市房屋拆迁管理办法》。

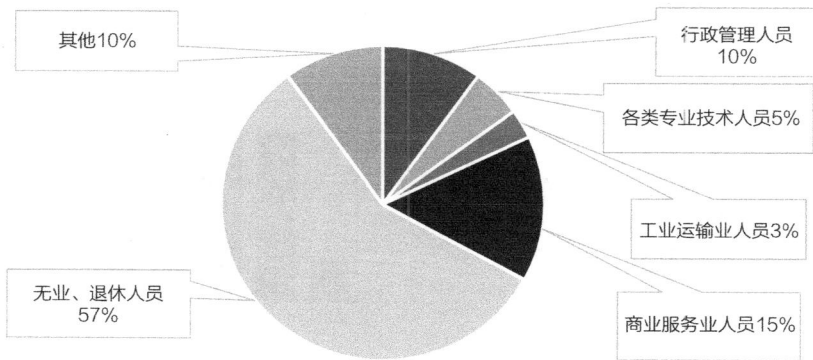

图4-11　商埠区样本居民职业类别

4.3.2　就业与居住区位

在交通出行方面，上班的交通出行主要以自行车为主，占样本总数的60.5%；其次是步行和公共汽车，各占20%左右。上班的交通出行时长大部分集中在30分钟以内。上学的交通出行主要以步行为主，占样本总数的45.7%。上学的交通出行时长大部分在20分钟以内。认为上班交通方便的占45%、不方便的占55%，认为上学交通方便的占55.3%、不方便的占44.7%。总体来看，由于商埠区内道路网较密，商埠区居民的交通出行还是较为方便的（图4-12～图4-14）。

出行方式	有效百分比（%）	累计百分比（%）
步行	18.0	18.0
自行车	60.5	78.5
公共汽车	19.2	97.7
小汽车	2.1	99.8
出租车	0.2	100.0
总计	100.0	

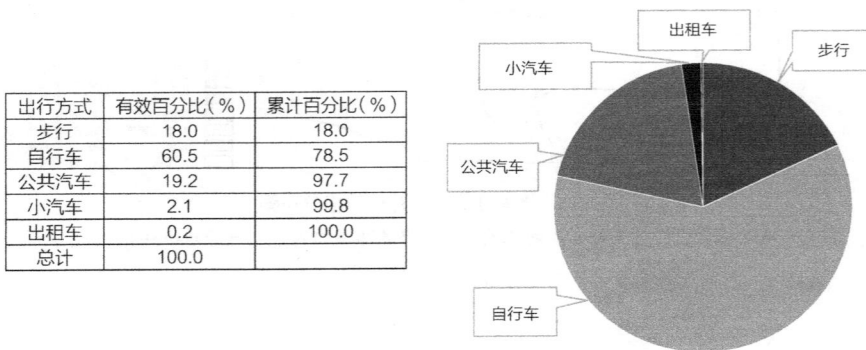

图4-12　商埠区居民工作出行方式

出行时长	有效百分比（%）	累计百分比（%）
10分钟以下	5.5	5.5
10～19分钟	21.4	26.9
20～29分钟	26.1	53.0
30～39分钟	25.3	78.3
40～49分钟	14.4	92.7
50～59分钟	2.6	95.3
60分钟以上	4.7	100.0
总计	100.0	

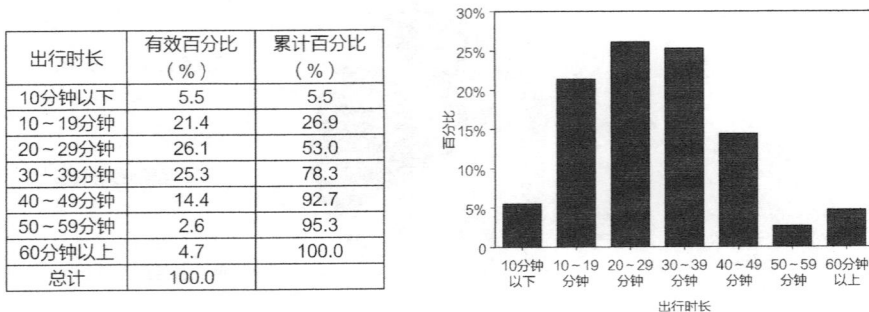

图4-13　商埠区居民工作出行时长

出行距离	有效百分比 （%）	累计百分比 （%）
1千米以下	5.1	5.1
1~2千米	9.3	14.4
2~4千米	15.4	29.8
4~6千米	20.7	50.5
6~8千米	16.5	67.0
8~10千米	11.7	78.7
10~13千米	9	87.8
13~16千米	6.9	94.7
16千米以上	5.3	100.0
总计	100.0	

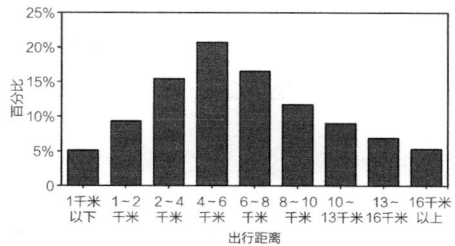

图4-14 商埠区居民工作出行距离估算

4.3.3 公共服务设施

整个商埠区现状公共设施用地209.63公顷，占城市建设用地的**25.0%**。现状商业金融用地约**90.90公顷**，成街区规模的综合性商场有：经二路华联商厦、嘉华购物广场、西市场、万紫巷等；经五路大观园商城和经四路人民商场等。沿街商业主要集中在经二路、经三路、经四路、纬三路。现状医疗卫生用地约**22.49公顷**。片区现有各类医疗卫生设施45处，其中：二级以上医院9处，包括山东省立医院、山东中医药大学第二附属医院、济南市中医医院、济南市妇幼保健院等；二级以下医院6处；其他各类卫生站、保健站、门诊所等医疗卫生设施30处。现状教育科研用地约**21.32公顷**。

在商业服务配套方面，认为购买日用品方便的占**70.8%**、不方便的占**29.2%**，总体来说，商埠区的商业服务配套比较完善。在户外休闲场所方面，商埠区内主要的绿色开放空间有槐荫广场和中山公园两处；另外，居民们还会选择住所附近的街头空地进行户外活动。在本次抽样调查中，选择这三种地点的居民人数基本持平，另有约四分之一的居民平时很少进行户外活动。对于户外休闲场所的评价，认为户外活动场所太少了，不方便的占**69.9%**；认为方便的占**12.4%**。可见，户外活动的场所较为匮乏。公共设施中占地最大的达到27公顷，而且主要集中在商埠区中区位最好的东北部。

4.4　城市居住结构问题的分析

　　随着住宅商品化的全面推行，城市居民的居住消费水平和居住分布也正在发生分化，城市的居住区开始出现不同特质的各类居住社区，导致不同社会阶层开始在城市空间上产生分化，新的城市居住空间结构形成。这种新的城市居住空间结构的核心是居民收入水平的金字塔结构，中低收入阶层的居住问题成为商埠地区住房需要解决的首要问题。

　　前文的实证调研可以得出，商埠区低收入居民的住房需求很难依靠住房市场提供的普通商品房满足，高涨的房价远远超出他们的负担能力，他们对于住房市场供应量最多的普通商品房只能望尘莫及（图4-15）。实际上，目前城市住房供应存在的是一种结构性矛盾——从住房总量上来看，人均住宅面积持续上升，住宅面积总量也在不断增长，但是其中面向中低收入群体的廉租房和经济适用房的比例却逐年下降①。这种住房供需体系的结构性矛盾是我国城市住房问题的根源所在。从我国目前的经济发展结构来看，这部分中低收入群体将在一定时期内长期存在，因此，如果不对住房市场的供应进行根本调整，这种住房供应的结构性矛盾也将长期存在。

　　从目前现状住房需求和供应可以粗略计算出，实际上我国城镇的住

---

① 1998年我国城市新开工住宅面积总量中，廉租房和经济适用房比例占22%左右，到2005年已经下降至6%。数据来源：《中国统计年鉴》2007年。

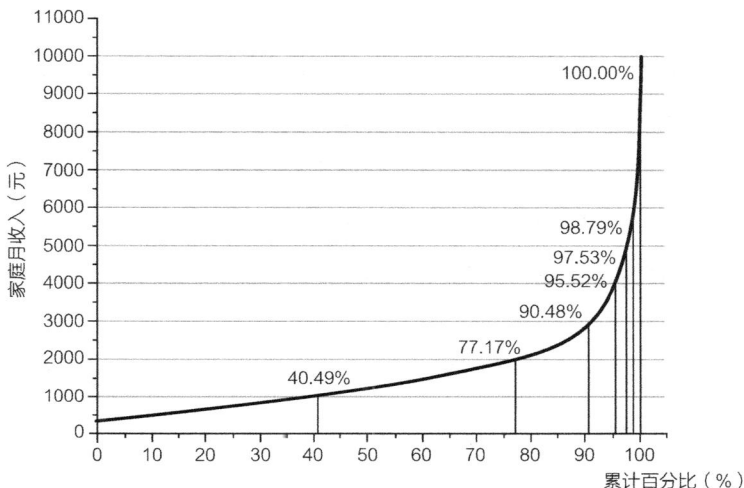

图4-15　商埠区家庭月收入（换算成等差收入划分）（单位：元）

宅总量供应也存在着严重不足[①]。按照联合国开发计划署2013年在北京发布的中国人类发展报告，结合总人口与城镇化率的预测结果，可估算出2030年时低情景下城镇居民的住房总需求将达到369亿平方米[②]，比2020年大约需要新增100亿平方米的住宅量，须平均每年新增约10亿平方米才能满足需求。而现状是从2010～2020年，我国的新建住宅平均每年的供应量维持在7亿平方米，平均每年的需求是10亿平方米，这就从总量上说明了我国城市住宅供需的严重不平衡。

此外，这种结构性矛盾导致的问题不仅是无法满足低收入群体的住房需求，而且由于住房市场的过度商品化，居住区的居住分异现象逐渐明显，不同收入阶层所处的居住小区无论环境还是基础设施都存在较大差距。这种居住分异现象导致小区邻里感下降，带来社会阶层的隔离，

① 赵文凯. 关注住房保障中的市场规律：2007社会住宅论坛［G］, 2007.
② 联合国开发计划署驻华代表处，中国社会科学院城市发展与环境研究所. 中国人类发展报告：2013：可持续与宜居城市：迈向生态文明［M］北京：中国对外翻译出版公司. 2013：64.

对社会产生消极影响。同时，经过房价的过滤，那些支付能力较差的低收入群体和城市移民，由于无力改善自身的居住条件，最后只能选择居住在城市社会空间的底层。这种低收入群体过度集中的生活区，容易成为社会问题聚生的地区，给城市的发展带来负面影响。而且一些社会公共资源如基础设施等也会明显向高档居住区倾斜，较低收入的社区容易被社会公共资源边缘化——居住分异的结果导致社会公共资源无法实现公平化。

在前文中提到，中低收入群体的住房问题是首要问题，而目前城市典型低收入群体的构成主要有两部分。一部分是下岗失业职工。这部分人群主要是由于20世纪90年代市场经济体制改革带来的产业结构的巨变，从而导致大量国有企业面临破产困境，企业涌现了大量的下岗职工，在社会保障制度并不健全的条件下，大量下岗工人再就业失败，经济水平低于最低生活保障线。另一部分是流动人口和进城务工人员。受中国快速城镇化及农产品市场价格下降的冲击，大量农村人口向城镇迁移，这些"城市移民"不仅缺乏城市住房保障，其收入水平也处于城市最底层。研究的实证调查也再次验证，这两类阶层是城市低收入群体的主要构成部分。

上述部分人群的绝大多数住房问题已通过福利分房政策得到基本解决，而城市外来流动人口的住房问题才是低收入群体住房问题的关键，这部分人群的数量在逐年以惊人的速度增加。这部分人群由于没有城镇户口，所以未被纳入城镇住房保障体系，无法享受与户籍制度捆绑的住房福利，他们选择的居住地点往往是租金低下的城市旧区或者城市边缘的"城中村"地带，其中一部分人甚至居住在自发聚居的"非正式住房"。这类聚居区往往处于城市管理的空白地带，这类社区的服务功能和公共设施十分薄弱，社会保障功能也几乎为零。

城镇化必然需要支付成本。如前文所述，到2030年，中国将增加

2亿～3亿城市人口，需要高额的社会总量成本，这个成本包括个人发展成本和公共发展成本。建设城市的"低成本"生活社区，不仅能减少农民为转变为城市居民需支付的个人发展成本，同样也会减少城市所需支付的公共发展成本，包括基础设施、社会协调、公共环境、生态建设等基本功能要素成本，所以这个"低成本"不仅是相对个人的低成本，更是城镇发展的"低成本"。因此"城中村"的改造规划需纳入城市总体规划的统一部署，根据城中村的现状和城市发展功能布局要求，制定一定的建设标准。这个标准完全可以低于城市的平均建设标准，定位为"低成本"生活社区。必须严格控制"城中村"改造的开发强度，尤其要防止盲目的大型房地产开发，可以采取小规模渐进式的改造方式。需要注意的是，"低成本"生活社区绝不等于"低质量"生活社区。政府可以采取增加"城中村"基础服务设施建设、适当拓宽道路和疏散部分人口等措施来改善现状。

综上所述，目前城镇住宅存在着严重的供需矛盾问题，一方面是住宅供应总量严重不足，另一方面是供需存在结构性矛盾。城市低收入群体的住房匮乏问题成为城市居住结构的首要问题，其中"城市移民"的住房问题尤其需要得到重视。

4.5 目前城市居住结构优化对策及评析

济南商埠地区目前对于住宅的更新与发展措施主要有以下几点。

（1）宜居化的策略。考虑到商埠区容纳了大量外来务工人员，这部分人群整体上收入偏低，他们居住的住宅建筑由于年久失修，整体的居住环境和质量普遍低下，缺乏良好的社区环境，更谈不上形成具有凝聚力的社区中心。因此，在这部分人群的居住改善中应首先考虑为他们提供社区公共服务，创造良好的生活环境，满足他们最基本的生活需求，提供达到标准的住房和完善的基础设施，并尽可能地为他们提供能够承受的商业服务设施。

（2）多样化的居住空间。商埠区历来都是城市中高密度的居住地区，人口结构也由于地区历史上的产业多样化发展而十分复杂。因此，这个地区要重点考虑对各类人群的包容性，其中包括了高收入的外来投资者、中等收入的本地白领和中低收入的外来务工人员等。要考虑为不同收入人群公平享受城市服务与设施提供条件，满足各类人群的居住需求。

（3）鼓励混合功能发展。随着生活和经济水平的提高，居民的生活需求也在不断提高，希望在工作、休闲等方面尽量减少出行距离和缩短出行时间。因此，可以考虑将居住区的混合功能发展作为解决方法之一。一方面，商埠区的路网结构、街区规模都具有混合功能发展的良好条件，能有效改善商埠区居住空间结构，使其得以良性循环发展。另一方面，功能的混合使用增加了街区人与人之间的交往机会，提高了社区活力。商埠区的小网格肌理，无论在街区形式和规模上，还是在建筑形式和尺度上，都非常适合发展这种混合功能的"街区住宅"。

（4）中低密度建设，注重公共空间与绿化。在商埠区特色历史风貌区及周围，不适合中高层住宅的建设，新建设的住宅仍应以密度较高的三四层建筑为主。现有的里院式住宅不能因为其状况破旧而全部拆掉，应对其中质量较好、保留价值较高的进行重新设计与改造，使其成为设施良好的居住场所，其内庭院可作为社区的公共空间来使用，并切实加强内庭院的整治和绿化，改善目前商埠区绿地率低的情况。在建筑密度高的情况下，开敞的公共空间尤为可贵，能够改善整个社区的空间品质，促进社区居民的交流和交往。

（5）完善配套设施。济南商埠规划居住配套设施按照"居住区中心—小区中心"两级组织，采取集中和分散布局相结合的模式设置：①居住区中心：为集约用地，充分发挥配套设施的规模效应，规划将各居住区中心在区内集中设置，形成4个居住社区中心。主要安排居住区级配套服务设施，包括商业服务、金融邮电、行政管理与社区服务中心、文体活动中心、市政公用设施等。②小区中心：为方便居民使用，分散设置小区中心9处，每处用地规模4公顷左右，可服务人口1.3万~2.0万人。安排小区级及以上配套服务设施，主要包括商业超市、卫生站、文化活动站、管理服务设施、普教设施、市政设施等。

（6）实施棚户区改造。结合大型赛事举办进行基础设施建设。济南市加快实施棚户区改造，大力推进新区开发和老城提升。在计划新开工住房总建筑面积中，90平方米以下中小套型普通住房占70%以上；计划新开工经济适用房，全部安排90平方米以下中小套型普通住房。同时，积极提供一定比例的拆迁安置房、廉租住房，并向符合条件的低收入住房困难家庭发放租金补贴，实现"应保尽保"。在拆迁政策方面，棚户区现有拆迁项目原则上以就地安置为主，货币补偿、异地安置为辅。在扶持政策方面，棚户区改造拆迁安置房建设参照经济适用住房有关政策办理，被拆迁居民对拆迁安置房拥有完全产权。棚户区改造拆迁安置房用地外的经营性用地，通过招标、拍卖、挂牌方式出让，所产生的土地收益作为市政府专项资金，按收支两条线规定管理，用于棚户区改造的统筹和相关基础设施配套建设。通过改造，棚户区居民居住水平和生活质量得到较大提高，周边地区人居环境和生态质量明显改善，市政基础设施和文化教育体育等公益性设施逐步完善，城市综合服务功能显著增强。济南商埠地区的居住结构优化对策所涉及的方面较为全面，其中，对旧区实行混合功能发展和街区式住宅发展的策略是一种普遍适用于城市旧区住区更新和发展的思路。但是城市旧区内存在低收入群体，特别是下岗职工偏多，对商埠区内上述低收入群体就业选择的考虑依然不够充分，对于保障性住房的空间布局也需要在规划上进一步整体统筹。

4.6 小结

本章介绍了典型城市案例——济南商埠区的发展背景，通过对案例进行针对性的研究设计，从住宅产品构成、就业与居住区位、公共服务设施三个层面说明济南商埠区城市居住结构的现状，并对城市居住结构的现状问题进行分析，重点说明了城市旧区中低收入群体的迁居困难问题。研究表明，目前城市住宅存在着严重的供需矛盾，一方面是住宅供应总量的严重不足，另一方面是供需体系的结构性矛盾。城市低收入群体的住房匮乏问题成为城市居住结构的首要问题，其中"城市移民"的住房问题尤其需要得到重视。最后，结合目前济南商埠区居住结构的优化对策进行评述，说明居住结构优化对策存在的问题是缺乏对商埠区内低收入群体就业选择的考虑，对于保障性住房的空间布局缺乏整体统筹考虑。

第 5 章

城市案例二：
南京河西新区

本章选取江苏省南京市的河西地区作为城市新区居住结构研究的案例①，通过对南京河西新区城市居住结构的住宅产品构成、就业与居住区位、公共服务设施三个层面的现状阐述和问题分析，归纳城市新区居住结构的共性问题，并结合当前南京河西新区城市居住结构的优化对策进行评析。

5.1 南京河西新区发展背景

5.1.1 概况

南京在改革开放以后开始进行住宅的大规模建设，居住用地面积与区位分布都迅速扩大，自1996年开始的居住区建设主要以新区建设为主。在1990年南京城市总体规划中提出了主城的概念，将主城划为东、西、南、北、中五片。河西地区属于秦淮河以西的西片地区。据2002年南京城市总体规划调整内容，西片地区定位为"主城重要的综合性新区，是居住和就业相对平衡、各项配套设施齐全完善的综合性社区"。

一方面，南京河西北部地区的发展反映了住宅郊区化的现象，区内含不同时期住宅开发的典型代表，从20世纪80年代政府主导开发时期到90年代商品房建设时期，既包含大片单位型社区，也包含零星开发的商品房社区；同时，河西地区自2000年来展现了住宅的不同开发模式——政府主导、单位主导与开发商主导。另一方面，河西地区社区当时发展

_____

① 本案例调研的时间为2005年。

较为成熟，可以较好地反映城市居民社会构成。

调研的范围为河西的北部地区，主要由三个行政区构成，分别是下关区、鼓楼区、建邺区。其中，下关区面积134.9公顷，人口约3万；鼓楼区面积944.5公顷，人口约11万；建邺区面积844.6公顷，人口约16万。本次调研的范围为河西的北部地区，总用地面积为19.2平方千米，2002年南京城市总体规划中人口规模为33万，调研时总人口已经近30万，平均人口密度为156人/公顷。

5.1.2 20世纪80年代单位主导开发住宅时期

河西北部地区过去是老城功能疏散的主要地区之一，以居住功能为主，分散了许多乡镇工业，20世纪90年代以后成为主要建设地区。南京河西地区的建设始于20世纪80年代，首批建设的住宅小区是位于河西北部地区东南部南湖附近的南湖小区及附近几个小区。当时的住宅小区主要是以单位集资建房的形式兴建，后来具有代表性的河西北部地区东北部草场门附近的月光广场和阳光广场，居民多为主城区高校的教师及其家属。河西北部地区在20世纪80~90年代集中建设开发的住宅小区多为单位集资建房，其开发形式为单位主导开发。

5.1.3 20世纪90年代商品房住宅发展时期

1992年住房商品化全面推行以来，河西北部地区开始逐渐出现大批商品房楼盘的建设。其中有代表性的是位于河西龙江的聚福园小区。经历了数年的建设与发展，河西北部地区的商品房住宅逐渐获得了市民的广泛认同，是当时南京住宅片区交易最好的地区。在整个河西片区住宅供应充足的情况下，交易均价趋于稳定，许多市民倾向于选择河西北部新区的住宅，河西北部的商品住宅的发展也较为成熟（图5-1）。

（a）20世纪80～90年代商品住宅　　　　　　（b）20世纪80年代单位集资建房一

（c）20世纪80年代单位集资建房二　　　　　　（d）20世纪90年代商品住宅一

（e）20世纪90年代商品住宅二　　　　　　（f）"城中村"住宅

图5-1　南京河西地区部分住宅现状照片

5.2 案例研究设计

5.2.1 问卷设计

根据前文对城市居住结构内涵的阐述，对于典型案例城市片区的调查研究问卷设计框架如表5-1所示，主要调查的信息包括典型案例城市片区被访者家庭及家庭的基本情况，城市新区的住房现状、交通出行和公共服务设施等。分别针对上述要点设计了调查研究问卷。问卷的发放先按照2%的比例在调查片区内进行试发①，通过试填的反馈再对问卷进行修改，然后进行问卷全面发放。在问卷填写过程中，部分家庭可采取访谈的方法对问卷外的信息进行记录。

城市居住结构调查问卷设计框架 表5-1

被访者家庭及家庭的基本情况	家庭主要就业者（收入最高）的情况	性别
		户口所在地
		年龄
		职业
		工作单位类别
		受教育水平
	家庭情况	家庭人口
		恩格尔系数
		家庭年收入
城市新区	住房现状	产权类别
		户型
		建筑面积
		对现有住房评价
	交通出行	上班出行时长
		上班出行方式
		交通评价
	公共服务设施	公共服务设施使用
		公共服务设施评价

---

① 2%指试发问卷占需要发放问卷总数的比例。

其中，除了对居民基本信息、住房现状和基础设施现状进行调查研究外，还从居民收入和居民职业来说明是否存在居住分异，从工作地点和上班出行的交通方式、出行时长来说明是否存在职住分离，从商业、服务、医疗、教育等设施和不同小区的分布来说明公共服务设施发展是否不平衡等。

5.2.2　抽样方法与样本代表性评估

本次调查研究的河西新区范围涉及3个城区的7个街道办事处：热河南路街道办事处、江东街道办事处、莫愁街道办事处、兴隆街道办事处、江滨街道办事处、南湖街道办事处、南苑街道办事处。本次调查研究采取分层抽样法选取调查样本。第一阶段，选取被调查的社区，通过网格法以社区为基本抽样单位，确定调查的社区居委会，通过交流取得社区居委会的协助。第二阶段，选取被调查的居住片区，在社区问卷发放中采取非概率抽样方法的判断式抽样方法①，分别选取部分有代表性的居住片区，通过居委会的协助进行问卷集中发放。这种非概率抽样的方法有益于我们的定性研究，但样本所代表总体的准确性和精确度有一定的局限性。第三阶段，选取被调查的样本家庭，在有代表性的居住片区中采取随机抽样方法，确定样本家庭。

在实际操作过程中，首先对整个河西北部地区用网格法（1000m×1000m）进行抽样，抽样得到21个社区，分布如图5-4所示。根据抽样结果，热河南路街道抽到1个社区，江东街道抽到5个社区，莫愁街道3个社区，兴隆街道4个社区，江滨街道3个社区，南湖街道3个社区，南苑街道2个社区。其中，热河街道、江滨街道与南苑街道未取得联系，

---

① 抽样方法分为概率抽样和非概率抽样。其中，非概率抽样方法分为四种：就近抽样、目标式或判断式抽样、滚雪球抽样与配额抽样。

并且结合社区实际情况，最终调整为如下12个社区内进行抽样，分别是江东街道的宝地园社区（编号01）、江滨社区（编号02）、聚福园社区（编号03）、清河社区（编号04）；莫愁街道的华阳佳园社区（编号05）、凤凰西街社区（编号06）；南湖街道的莫愁新寓社区（编号07）、长虹路后街社区（编号08）、云锦美地社区（编号09）；兴隆街道的桃园居社区（编号10）、江东村社区（编号11）、仁东桥社区（编号12）（图5-2）。每个抽样的社区发放100份问卷，共发放问卷1200份，回收有效问卷1061份，问卷有效率为88.5%，符合调查问卷回收要求。图5-3为调研地居民生活照片。

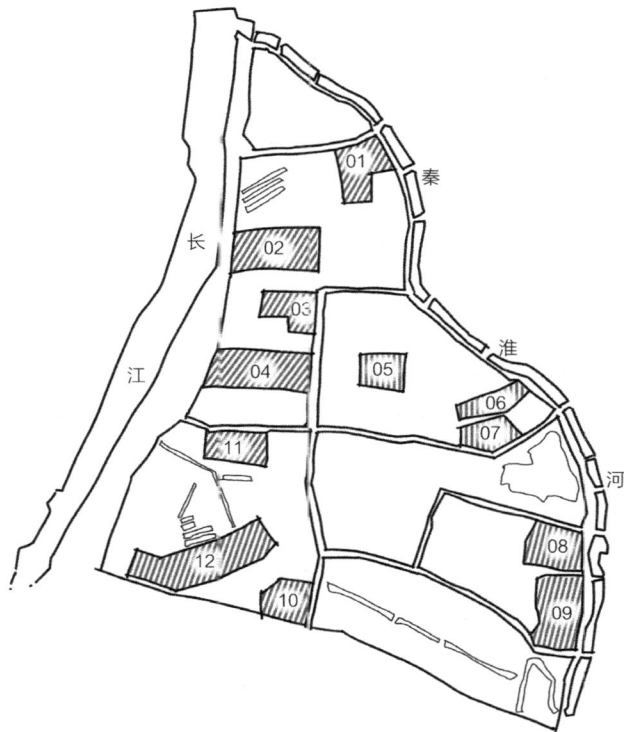

图5-2　南京河西调研社区位置图

图5-3　南京调研地区居民生活照片

5.3　南京河西新区城市居住结构

5.3.1　住宅产品构成

　　河西北部地区社区人口结构层次比较丰富。社区主要分为20世纪80年代成片开发小区、90年代成片开发小区和90年代零星开发小区。调研发现，不同类型和年代的小区形成了不同层次的就业结构。问卷抽样统计结果表明：河西北部地区就业类型丰富，包括自由职业者、工业运输业人员、商业服务人员、专业技术人员、行政管理人员等，其中行政管理人员占23.7%，各类专业技术人员占20.6%，商业服务人员占11.1%，工业运输业人员占6.5%，自由职业者占7.7%，无业人员占22.8%，就业类型丰富。同时，家庭月收入状况跨度较大（从1000元以下到10000元以上），其中行政管理人员、专业技术人员家庭收入集中在2000～5000元，少数在5000元以上；商业服务人员家庭收入集中在1000～3000元；自由职业者家庭月收入集中在1000～2000元；无业人员的家庭收入集中在2000元以下。这说明，整个河西北部地区已形成了职业和收入在各个层次都比较丰富的社区结构。其他相关调研分析结果见图5-4～图5-7。

由于对城市新区的案例调研较为侧重研究社区的居住分异现象，所以以12个不同类型的典型社区为单位进行分析。通过调查发现，抽

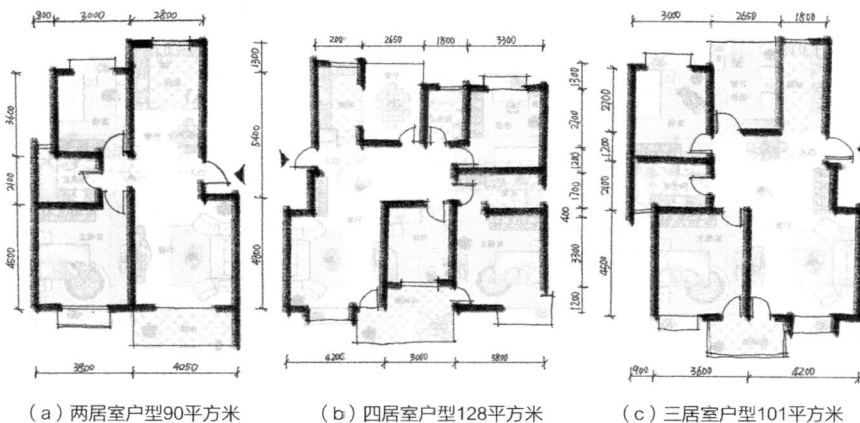

（a）两居室户型90平方米　　　（b）四居室户型128平方米　　　（c）三居室户型101平方米

图5-4　河西新区部分商品住宅户型图

资料来源：焦点房地产网。

居住时长	有效百分比（%）	累计百分比（%）
半年以下	2.3	2.3
半年～1年	6.3	8.6
1～3年	18.5	27.1
3～5年	26.4	53.5
5～10年	19.2	72.7
10年以上	27.3	100.0
总数	100.0	

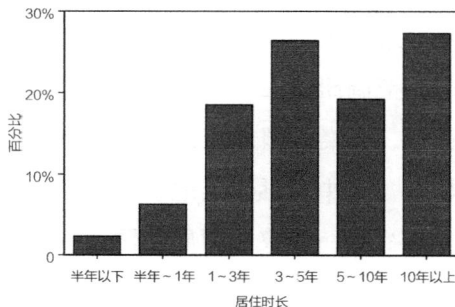

图5-5　河西新区居民居住时长

住房面积	有效百分比（%）	累计百分比（%）
小于20平方米	0.9	0.9
20~40平方米	15.3	16.2
40~60平方米	27.9	44.1
60~80平方米	30.2	74.3
80~100平方米	15.8	90.1
100~150平方米	9.9	100.0
总数计	100.0	

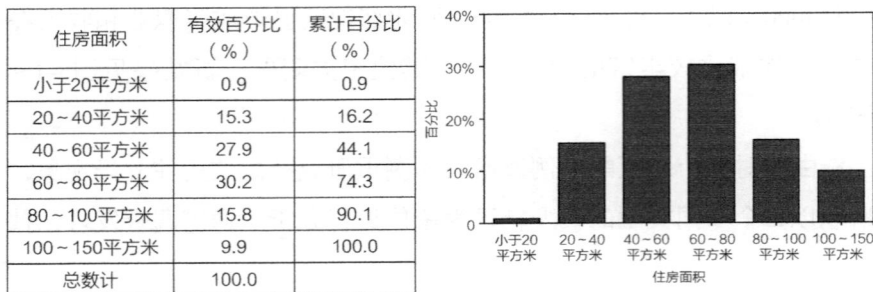

图5-6　河西新区居民住房面积

人均住房面积	有效百分比(%)	累计百分比(%)
小于5平方米	0.4	0.4
5~10平方米	4.7	5.1
10~15平方米	7.0	12.0
15~20平方米	12.4	24.5
20~25平方米	11.2	35.7
25~30平方米	17.9	53.6
30~40平方米	22.3	75.9
40~50平方米	13.3	89.2
大于50平方米	10.8	100.0
总数	100.0	

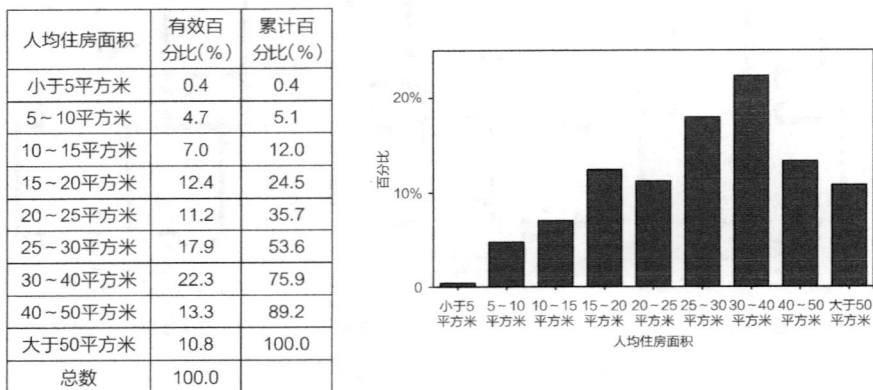

图5-7　河西新区居民人均住房面积

样的社区居住分异主要表现为收入分异和职业分异。根据抽样调查的家庭总月收入和家庭人均月收入的均值、标准差、离散系数的统计结果，把调研的12个社区分为三类：高收入同质社区，其中包括02江滨社区、03聚福园社区、05华阳佳园社区、09云锦美地社区；混合收入社区，其中包括01宝地园社区、04清河社区、07莫愁新寓社区、11江东村社区；低收入同质社区，其中包括06凤凰西街社区、08长虹路后街社区、10桃园居社区、12仁东桥社区。各类社区的分布位置如图5-8所示。

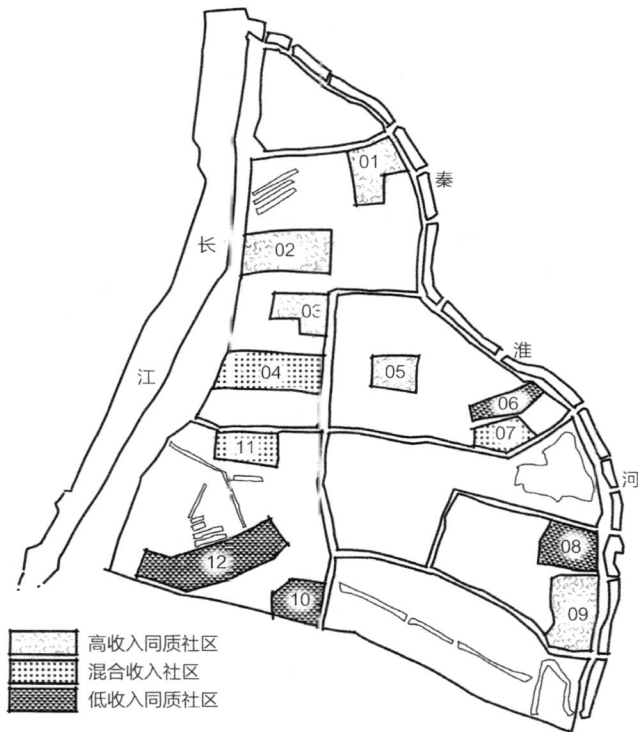

图5-8　河西新区调研社区居住分异状况

　　需要说明的是，从家庭人均月收入和家庭总收入离散系数直方图可以看出（表5-2、表5-3，图5-9、图5-10），离散值较高的6个社区分别是01宝地园社区、04清河社区、07莫愁新寓社区、08长虹路后街社区、11江东村社区、12仁东桥社区，其中08长虹路后街社区和12仁东桥社区由于家庭人均月收入和家庭总收入平均值均属较低水平，所以被划入低收入同质社区，剩余4个社区划为混合收入社区。剩余6个离散值较低的社区分别按家庭人均月收入和家庭总收入平均值划分为高收入同质社区和低收入同质社区。同时，对比河西新区居住区开发时间概念图可以发现，20世纪80～90年代成片开发的社区以低收入社区和混合社区为主[①]，20世纪90年代成片开发的社区以混合社区为主，20世纪90年代零星开发的社区以高收入社区和混合社区为主，待开发地区[②]以低收入社区为主。

河西新区各社区家庭人均月收入表　　　　　　　表5-2

社区	均值（元）	标准差
01 宝地园	1786.4198	1309.69344
02 江滨	1551.3699	775.58970
03 聚福园	1716.9753	900.59726
04 清河	1571.4646	1045.92827
05 华阳佳园	1356.8750	982.01905
06 凤凰西街	800.7663	457.69094
07 莫愁新寓	2010.4167	1681.65485
08 长虹路后街	862.4396	872.13539
09 云锦美地	1410.6061	676.21529
10 桃园居	901.6026	484.37750
11 江东村	1083.2500	1050.93119
12 仁东桥	678.8618	552.08285
总计	1316.6667	1043.78310

河西新区各社区家庭月收入表　　　　　　　表5-3

社区	均值（元）	标准差
01 宝地园	3317.46	2379.858
02 江滨	3347.06	1897.717
03 聚福园	3280.90	1816.833
04 清河	3045.45	2110.721
05 华阳佳园	2792.68	1715.851
06 凤凰西街	1597.94	779.420
07 莫愁新寓	3134.41	2243.517
08 长虹路后街	1897.59	1635.653

[①] 20世纪80～90年代成片开发的地块中09云锦美地社区例外，开发时间为2000年，属于较高档商品房社区。

[②] 这片地区属于河西北部类似"城中村"地带，以装饰材料批发城等市场和村落为主，环境情况较差。

续表

社区	均值（元）	标准差
09 云锦美地	2071.43	838.985
10 桃园居	2046.30	1221.924
11 江东村	2313.73	2117.725
12 仁东桥	1260.87	892.805
总计	2560.41	1886.240

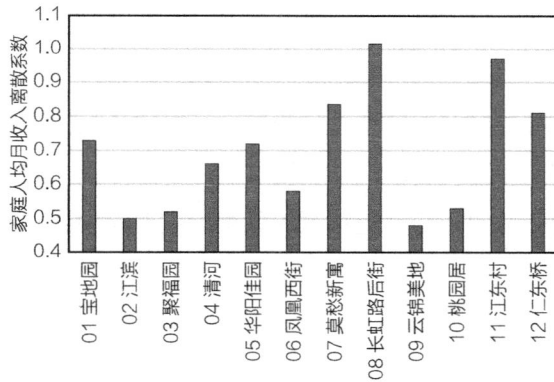

图5-9　河西新区各社区家庭人均月收入离散系数直方图

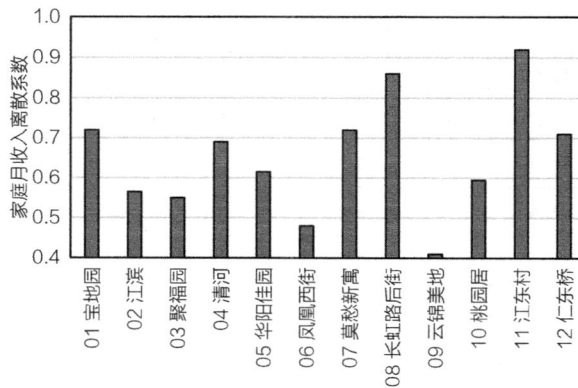

图5-10　河西新区各社区家庭月收入离散系数直方图

从上述社区分类中可以看出，开发时间越短的社区收入差别越小，有同质化的倾向；开发时间较长的社区收入层次相对比较丰富。其中形成时间较短的社区主要有两类，一类是聚福园、云锦美地这种新建高档商品住宅，一类是江东村、仁东桥这种类似"城中村"的社区。从职业分类上来看，开发时间越短的小区职业分类却逐渐模糊，各职业类别的人群分布比较均衡。另外成片开发的社区的职业类别分布相对较为集中，如01宝地园社区，居民职业以行政管理人员为主，这是由于此地区属于20世纪90年代政府主导开发的住宅片区，主要供应对象是政府职员。而另外两个职业类别比较集中的社区是03聚福园和05华阳佳园，以行政管理人员和各类专业技术人员为主，这是由于这两个社区属于单位主导开发的住宅片区（表5-4）。从居民的邻里感来看，越是高收入同质社区邻里感越弱，如云锦美地小区的邻里感主要集中在同一层楼和同栋楼的居民，范围相对较窄；而长虹路后街和仁东桥等低收入同质社区邻里感范围较大，主要为同一个小区和相邻几个小区，混合收入社区的邻里感范围也较大，如莫愁新寓和江东村社区，基本也集中在同一个小区和相邻几个小区的范围内（表5-5）。

河西新区各职业分类比例表　　　　　表5-4

社区	职业类别						总计
	行政管理人员	各类专业技术人员	工业运输业人员	商业服务业人员	自由职业者	其他	
01 宝地园	34.5%	24.1%	3.4%	15.5%	12.1%	10.4%	100.0%
02 江滨	32.1%	37.5%	8.9%	7.1%	12.5%	1.9%	100.0%
03 聚福园	44.7%	40.4%	2.1%	2.1%	0	10.7%	100.0%
04 清河	33.3%	22.2%	6.7%	17.8%	4.4%	15.6%	100.0%
05 华阳佳园	44.9%	18.4%	12.2%	8.2%	10.2%	6.1%	100.0%
06 凤凰西街	25.5%	8.5%	23.4%	29.8%	6.4%	6.4%	100.0%

续表

社区	职业类别						总计
	行政管理人员	各类专业技术人员	工业运输业人员	商业服务业人员	自由职业者	其他	
07 莫愁新寓	24.2%	31.8%	3.0%	15.2%	12.2%	13.6%	100.0%
08 长虹路后街	17.2%	17.2%	12.1%	24.1%	10.3%	19.1%	100.0%
09 云锦美地	18.5%	18.5%	3.7%	3.7%	25.9%	29.7%	100.0%
10 桃园居	18.8%	3.1%	18.8%	43.8%	12.5%	3.0%	100.0%
11 江东村	7.2%	3.6%	2.4%	47.0%	13.3%	26.5%	100.0%
12 仁东桥	29.6%	7.4%	0	25.9%	18.6%	18.5%	100.0%
总计	26.7%	20.0%	7.8%	21.0%	10.9%	13.6%	100.0%

河西新区各社区邻里感范围表　　　　表5-5

社区	邻居范围					总计
	同一层楼	同一栋楼	附近几栋楼	同一个小区	相邻的几个小区	
01 宝地园	29.3%	34.1%	9.8%	24.4%	2.4%	100.0%
02 江滨	16.1%	46.4%	5.4%	19.6%	12.5%	100.0%
03 聚福园	10.8%	2.4%	6.0%	67.5%	13.3%	100.0%
04 清河	28.6%	17.5%	6.3%	39.7%	7.9%	100.0%
05 华阳佳园	18.5%	24.7%	3.7%	49.4%	3.7%	100.0%
06 凤凰西街	3.5%	47.1%	9.4%	25.9%	14.1%	100.0%
07 莫愁新寓	14.5%	30.9%	7.3%	45.5%	1.8%	100.0%
08 长虹路后街	5.9%	8.8%	17.6%	35.3%	32.4%	100.0%
09 云锦美地	54.5%	29.5%	0	9.1%	6.9%	100.0%
10 桃园居	10.6%	44.7%	4.3%	36.2%	4.2%	100.0%
11 江东村	17.4%	13.0%	4.3%	58.0%	7.3%	100.0%
12 仁东桥	22.5%	20.0%	0	37.5%	20.0%	100.0%
总计	18.1%	26.4%	6.0%	39.7%	9.9%	100.0%

5.3.2　就业与居住区位

　　从抽样调查的数据来看，不在河西北部地区的工作地点基本上分布在河东的老城区部分，其中35%集中在鼓楼区，15%集中在玄武区，12%集中在建邺区，8%集中在下关区，8%集中在白下区，其余散布在雨花、江宁、栖霞等区域。就业和居住区位的分离造成了很大的交通量，在早晚高峰时间段内已经形成了潮汐式交通效应。一般在工作日内从早上七点半开始，居住在河西而工作在城中或城东的居民开始大量向老城区转移，从定淮门、草场门到清凉门一线由西向东交通流量相当大，基本上要持续到八点半以后。从上班出行交通方式来看，42.3%的人选择公共汽车，40.2%选择骑车（包括电动车），12.4%的人选择私家车，1.5%的人选择出租车。从上班出行交通路线来看，主要集中在通往北京西路的草场门桥、通往广州路的清凉门桥和通往汉中路的石城桥。城市新区的居住空间结构存在失衡，即职住分离，而且这种职住分离现象导致了河西地区较为严重的交通问题，体现为连接河西和主城区的几座主要桥梁的拥堵（图5-11～图5-13）。

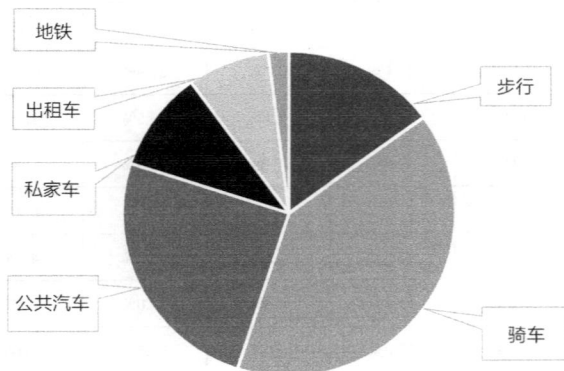

图5-11　河西新区居民工作出行方式图

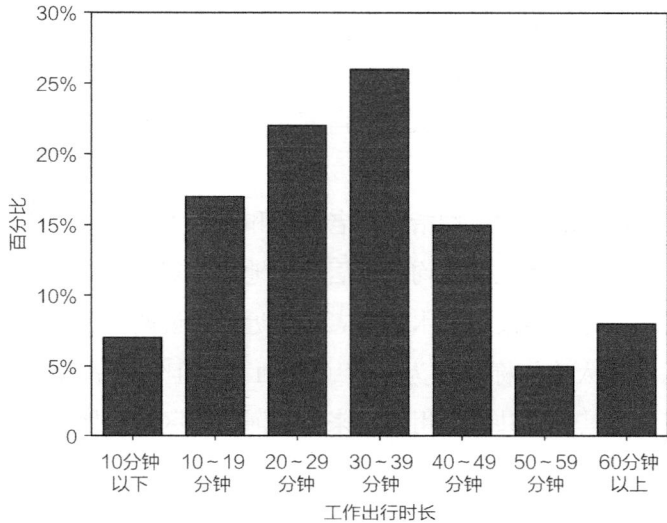

图5-12　河西新区居民工作出行时长图

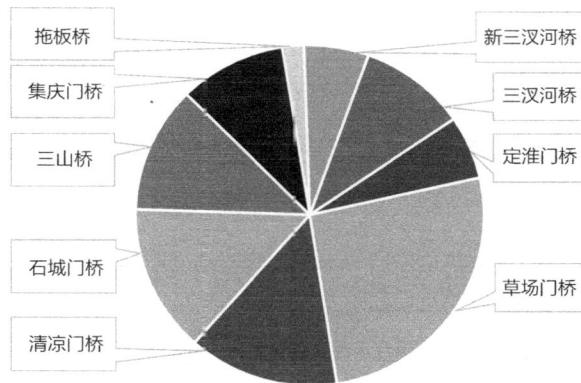

图5-13　河西新区居民工作出行途经桥梁

5.3.3　公共服务设施

在河西现状的用地平衡表中，居住用地占**49%**，公共设施用地占**12%**，绿地占**4%**；居住用地指标比老城区高出约**10%**，公共设施用地指标比老城区低约10%。考虑河西的区位，河西北部地区紧接老城区，并联系河西南部新区，用来疏散老城区的居住职能，在规划上定位为以中档居住区和科技园区为主，从这个角度来看，河西北部地区用地的结构较为平衡。

将河西现状的用地人均指标同老城区和一般大城市的平均水平进行比较可以看出：河西北部人均占有居住用地同一般大城市的平均水平相近，而人均占有公共设施的水平同老城相近，这说明河西居住用地和公共设施用地的人均指标量较为平衡（图5-14）。但是从各类用地实际发生的功能，尤其是公共设施用地上来看，河西地区的用地存在结构性不平衡（图5-15）。

在教育科研用地中，50%以上属于中专、成人和业余学校，教育设施集中在社区服务级的幼儿园和小学，初、高中少且师资力量较弱。河西北部地区有中学9所，其中4所仅初中部，2所是新建或改建的分校。在31所小学中，8所为新建或改建的小学，3所为分校。这在一定程度上说明，河西北部地区的教育设施处于社区服务级别且发展尚不成熟完善（图5-16、图5-17）。现状中小学用地布局上分布不均匀，小学数量多且

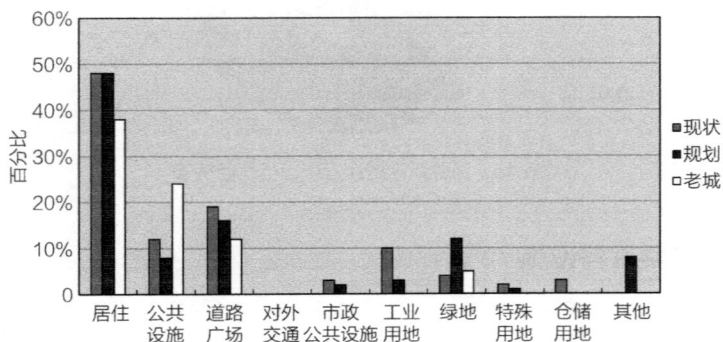

图5-14　河西北部地区现状用地、规划用地与老城的比较

资料来源：李阿琳绘。

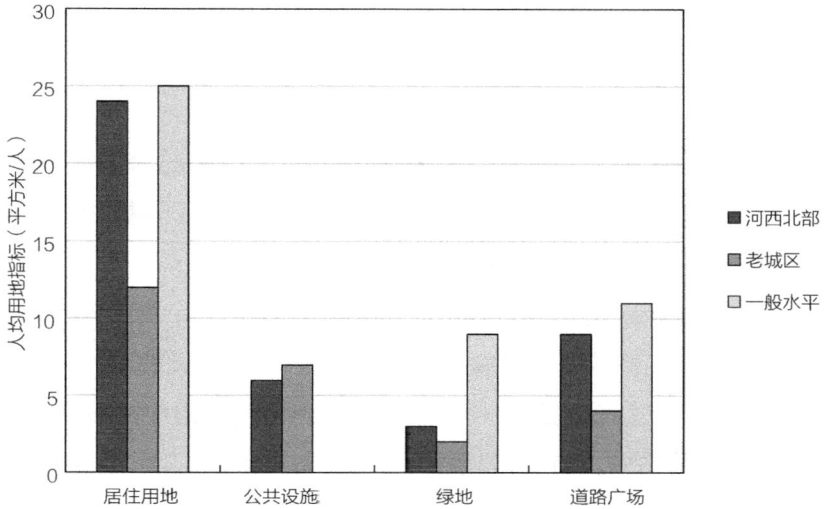

图5-15 河西北部地区人均用地指标与老城区和一般水平的比较

资料来源：李阿琳绘。

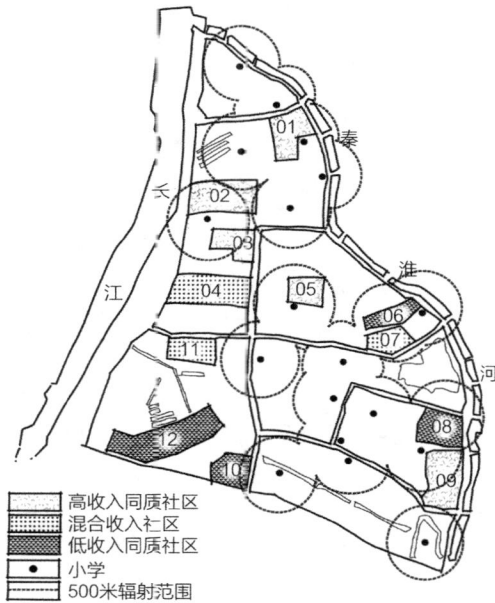

图5-16 河西新区小学分布现状

规模偏小，而中学资源极缺，初、高中建设和发展并不完善，师资力量较弱。根据调研，不少家庭的小孩上学选择在金陵附中、29中、宁海中学等质量较好的中学，这些中学都位于主城区。在上学出行的交通方式上，**44.6%**的居民选择骑车，**38.8%**选择步行，**14.6%**选择公共汽车，**1.5%**选择私家车。这说明中学生上学产生的交通量主要集中在自行车和步行上，还有一部分依赖于公共交通。

现状商业金融用地71.2公顷，占建设用地的**4.4%**，现状缺乏市级商业设施和便民性的商业设施，商业以批发市场这种低级业态形式为主，主要分布在江东北路和长虹路两侧，约占商业用地的**75%**。在商业金融用地结构中，市场用地占**62%**，服务业用地占**17%**，商业用地占**8%**，商务办公仅占**6%**。这说明商业主要集中在市场和商业服务业

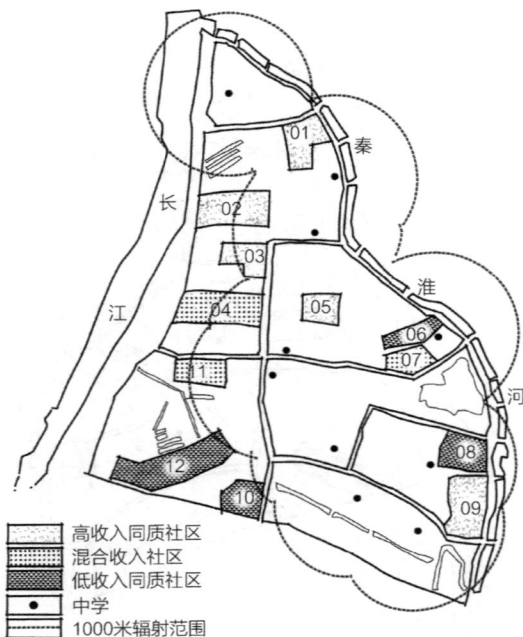

图5-17 河西新区中学分布现状

（图5-18），其中家具、建材占57%，菜市场、农贸占26%，购物广场
占16%（图5-19）。现有医疗卫生用地7.9公顷，占北部地区建设用地的
0.5%，其中省妇幼保健医院、省中医院、中医药医院等均为服务于全市
的医院，另有南湖医院、长江医院等地区医院（图5-20）。

从教育、商业、医疗等公共服务设施在河西北部地区的空间分布来
看，也存在一定不平衡现象。公共服务设施明显向高收入同质社区所在
区位集中，在河西北部地区表现为公共服务设施主要集中在北部和东南
部，低收入同质社区往往面临着各类公共服务设施均较为匮乏的状况。
从表5-6、图5-21也可以侧面反映出低收入同质社区明显要花费较长的
时间才能到达日常必需的购物中心。

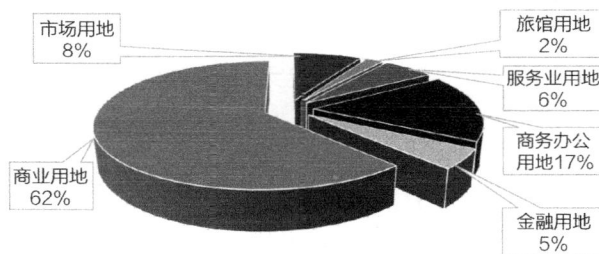

图5-18　河西北部地区商业金融用地结构
资料来源：李阿琳绘。

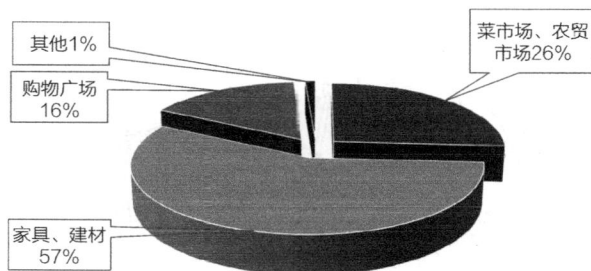

图5-19　河西北部地区市场用地结构
资料来源：李阿琳绘。

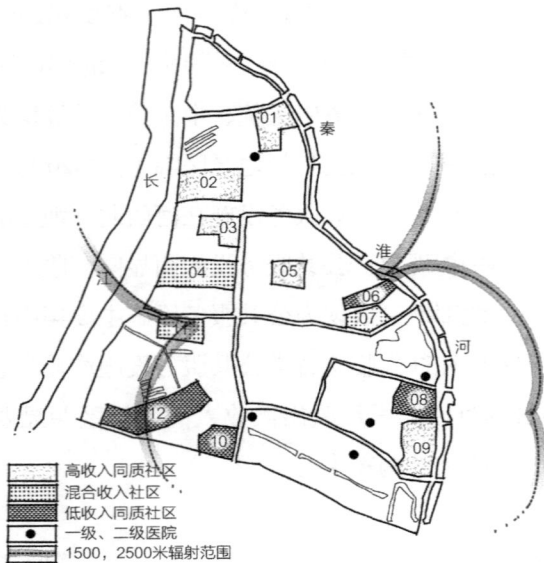

图5-20　河西新区医院分布现状

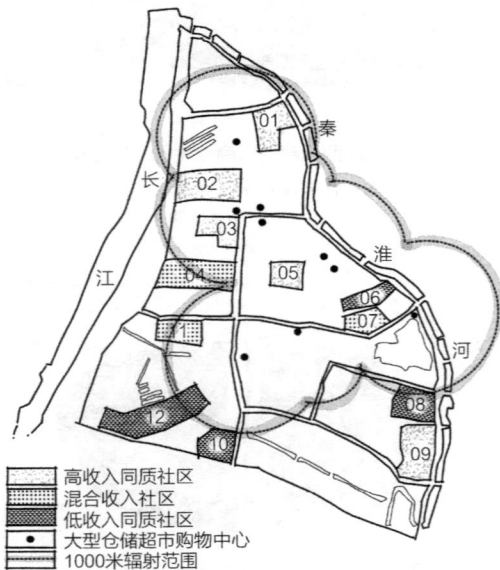

图5-21　河西新区大型仓储超市购物中心分布现状

河西新区各社区常去的购物中心出行时长比较　　　　表5-6

社区	常去的购物中心出行时长						总计
	10分钟以下	10～19分钟	20～29分钟	30～39分钟	40～49分钟	50～59分钟	
01 宝地园	44.4%	40.0%	13.3%	2.3%	0	0	100.0%
02 江滨	5.8%	82.6%	4.3%	7.3%	0	0	100.0%
03 聚福园	41.7%	33.3%	21.7%	3.3%	0	0	100.0%
04 清河	7.0%	83.7%	7.0%	2.3%	0	0	100.0%
05 华阳佳园	14.9%	76.1%	7.5%	1.5%	0	0	100.0%
06 凤凰西街	27.6%	68.4%	1.3%	2.7%	0	0	100.0%
07 莫愁新寓	5.4%	59.5%	24.3%	8.1%	2.7%	0	100.0%
08 长虹路后街	9.1%	33.3%	48.5%	9.1%	0	0	100.0%
09 云锦美地	2.2%	78.3%	10.9%	8.6%	0	0	100.0%
10 桃园居	17.6%	64.7%	8.9%	5.9%	2.9%	0	100.0%
11 江东村	8.3%	44.4%	23.6%	18.1%	1.4%	4.2%	100.0%
12 仁东桥	4.5%	40.9%	22.7%	22.7%	9.2%	0	100.0%
总计	16.9%	60.6%	14.2%	7.0%	0.8%	0.5%	100.0%

　　需要注意的是，关于公共服务设施这部分内容的调研存在一定的缺憾：由于调研时间和人力有限，未对河西北部地区公共服务设施的级别和规模结合周边居住人口密度作进一步细化的调研，仅根据社区居民的感性评价和粗略估算公共服务设施服务半径来得出定性的结论，准确度和可信度相对较低，并且缺少对社区级别服务设施的调研数据。

5.4　城市居住结构问题的分析

　　改革开放以来，我国经济持续稳定高速增长，整体人居环境状况得到明显改善，部分城市、地区生活已初步达到中等发达国家水平。但是，在取得巨大进步的同时，我国城乡发展仍存在不少问题，前文已经提到较为突出的一点就是贫富差距的拉大[①]，社会分层在许多城市（尤其是一些经济快速增长的城市）表现得越来越明显（表5-7）。

按收入方式划分居民阶层　　　　　　　　　表5-7

阶层	2000年工作时平均每月总收入分组（元/月）	月收入分组（%）	个人过去12月的收入分组（元/年）	年收入分组（%）
最低收入阶层	500 以下	36.8	6000 以下	45.7
中低收入阶层	500 ~ 1000	30.1	6000 ~ 12000	37.9
中下层	1000 ~ 2000	22.5	12000 ~ 24000	12.3
中中层	2000 ~ 5000	8.7	24000 ~ 60000	3.6
中上层	5000 ~ 10000	1.4	60000 ~ 120000	0.3
高收入层	10000 以上	0.5	120000 以上	0.2

资料来源：郑杭生，李路路. 当代中国城市社会结构现状与趋势 [M].
北京：中国人民大学出版社，2004.

　　在住房市场化背景下，居民经济收入的多寡直接影响着他们对城市空间资源的可进入性。市场为满足高收入阶层对居住的需求，出现了大批高档的住宅区。这些高档住宅区一般位于市中心和市郊环境优美的地区，拥有城市比较稀缺的各类设施资源，如优美的自然景观、高品质的空间环境、高档娱乐休闲设施和良好的物业管理等。低收入阶层一般只能蜗居于"城中村"、城市旧区或是交通不便的城市边缘地区自行建造的简易住宅，其居住条件差，生活出行十分不便，而中收入阶层一般位于城市中心城区边缘或沿城市干道的边缘地区。因此，目前城市居住结

---

① 万勇，王玲慧. 城市居住空间分异与住区规划应对策略 [J]. 城市问题，2003（6）：76-79.

构空间关系失衡的首要问题就是居民阶层分化现象与居住空间隔离。

另外一个问题是由于职住分离所带来的交通问题。20世纪90年代以来，我国大城市的空间结构发生着巨大的变化，主要表现为城乡之间大规模的人口流动，随着土地使用制度和住房制度的改革，原有的土地使用模式被打破，形成了地价与房价从中心区向外递减的环状空间布局，中心区逐渐被第三产业占据，大量工业企业和居民外迁。以上变化引起的城市人口剧增和职住分离大大增加了出行总量和平均出行距离。面对城市扩张带来的交通压力，我国城市的普遍做法是通过新建、改建道路来增加交通供给，公共交通的发展和交通需求管理措施一直没有得到足够的重视。从城市交通可持续的角度出发，在能源消耗、环境、城市用地等方面，我国城市无力承担小汽车交通为主导的发展模式。高架、立交和其他城市快速路的兴建、道路的不断拓宽，以及机动车流量的迅猛增加也破坏了原有的城市社区生活，街道正逐步失去原有的活力。许多城市新区建设时过分强调某种单一的用地功能（如工业园、超大规模住宅区、大学城等）的集中，并忽视公共交通的建设，致使新区内部缺乏生气，而对外的出行需求又往往得不到满足。新区的功能单一同时也是城市发展轴上产生潮汐式交通的主要原因，造成了交通设施的利用率不足。在我国城市扩张过程中，职住分离现象越来越普遍，中心区依然保持着很强的向心吸引力，近郊人口呈快速增长的趋势。在这样的背景下，城市的通勤总量较过去大大增加，而潮汐式的向心通勤特征也较为明显。职住分离所带来的交通问题日渐凸显。

5.5 目前城市居住结构优化对策及评析

南京河西北部地区的居住结构优化对策从如下几个方面展开。

（1）居住社区中心^①。目前规划居住社区中心7个，规划社区中心用地面积为11.1公顷。其中，热河南路社区中心位于三汊河南街以东地块，龙江社区中心位于草场门大街以南、江东北路以东地块，中保社区中心位于东宝路以北、燕山路以东地块，莫愁社区中心位于凤凰西街以北、北圩路以东地块，滨湖社区中心位于云锦路以东、福园街以南地块，南湖社区中心位于南湖路以西、水西门大街以南地块，南苑社区中心位于南湖路以西、应天大街以北地块。居住社区中心安排的设施包括文化活动中心、体育活动中心、行政管理中心、社会服务中心、卫生服务中心、商业金融邮政服务设施，以及派出所、养老院、菜市场等。规划基层社区中心32个，规划基层社区中心用地面积为26.86公顷。基层社区中心的位置一般安排在社区相对中心的位置，或者是交通比较便利的地区，以方便为社区居民服务。基层社区中心安排的设施包括文化活动站、体育活动站、社区管理服务设施、小型商业金融服务设施，以及卫生站、托老所等。

（2）教育设施。规划按照中学不超过1000米、小学不大于500米的服务半径和规模化办学的原则，对规划区内现有的中小学进行规划整合，对新建地区进行合理布局。规划中学16所，总用地面积45.66公顷。其中，高中6所，用地面积22.02公顷；初中10所，用地面积23.64公顷（其中白鹭中学和积善中学为完全中学）。规划小学27所，总用地面积29.30公顷。

（3）公共交通。根据轨道交通线网规划，河西地区涉及5条地铁线路，规划了20多个地铁站点，这些站点与地区中心、社区中心、基层社区中心通过规划紧密结合。河西地区规划设置有12个公交首末站，其中包括2个公交枢纽站、4个中型站和6个小型站。随着河西入住居民的增多，相应的公交线路也在逐步增加班次，缩短居民等车时间，方便居民出行。

（4）公共服务配套设施。河西新城采取的是新区中心、片区中心、社区中心三级中心体系。配套设施包括图书馆、文化活动中心、体育馆、就业培训中心、大型超市、休闲娱乐设施等。而基本社区中心则包括社区管理、卫生、储蓄、文化娱乐活动、商业服务、室外活动及公共绿地等。此外，河西还在街道社区设置面积2000～3000平方米的便民医疗服务点，在基本社区中设置面积不小于100平方米的医疗点。

目前，南京城市居住结构优化对策所涉及的方面比较全面，在公共服务设施方面进行了不少改进和更新，尤其对社区级别的公共服务设施规划十分重视，这是在新城公共服务设施规划和建设方面值得推广的。公共交通规划和布局也充分考虑到了与社区中心的结合，便于居民出行。但是，目前南京城市居住结构优化对策仍缺乏对低收入群体就业选择的考虑，同样也缺乏对保障性住房空间布局的整体统筹考虑。

5.6 小结

本章介绍了典型城市案列——南京河西新区的发展背景，通过对案例进行针对性的研究设计，从住宅产品构成、就业与居住区位、公共服务设施三个层面说明南京河西新区城市居住结构的现状，并对城市居住结构的现状问题进行分析，重点说明了城市新区居住分异的现状，以及城市新区职住分离带来的交通问题和公共服务设施发展不平衡的问题，最后结合南京河西新区居住结构的优化对策进行评述。南京城市居住结构优化对策缺乏对低收入群体就业选择的考虑，同样也缺乏对保障性住房空间布局的整体统筹考虑。

第 6 章

中国大城市居住结构优化对策建议

6.1 近年来相关政策和规划回顾

6.1.1 国家宏观政策调控

1990年代是我国住房基本制度改革的初步成型期。1992年中国共产党第十四次全国代表大会明确提出建立社会主义市场经济新体制的改革目标，1994年国务院发布了《关于深化城镇住房制度改革的决定》，提出建立与社会主义市场经济体制相适应的新的城镇住房制度，实现住房商品化、社会化，把住房实物福利分配方式改变为货币工资分配方式，建立社会保障住房体系和住房公积金制度，发展住房金融。1997年东南亚经济危机的爆发，在拉动内需、确保经济增长的要求下，住房货币化改革的进程最终完成——在1998年年底宣布停止福利分房，逐步建立多层次的社会保障住房体系，包括面向中低收入阶层的社会保障商品房、面向住房困难的城市居民及国有大中型企业职工的非营利性安居工程和面向最低收入阶层的廉租住房。伴随着这个转变，我国房地产业发展成为城市开发、住房建设的主要力量[1]。

1999年年底开始全面推行住宅商品化后，住宅房地产市场随之发展迅速。自2001年以来，城市住宅的价格一路攀升，住房问题开始逐渐凸显。在2004年建设部就曾表示将要采取"调整住房供应结构支持中低收入家庭购房，包括限制非住宅及高档和大户型住房建设，加大中低价位普通商品房、经济适用房建设等措施"，在接下来的近20年里政府进行了一系列住房政策的重大调控。

---

① 邵磊，Killiana Liu. 中国城镇住房政策与规划设计思潮［J］. 建筑实践，2020（8）: 32.

2005年3月26日，国务院颁布的《关于切实稳定住房价格的通知》（简称"旧国八条"），把控制房价作为各级政府的工作重点。2005年4月27日，国务院针对"最低收入家庭基本住房需求"问题又颁布了《加强房地产市场引导和调控的八条措施》（简称"新国八条"）。2006年5月29日，国务院颁发的《关于调整住房供应结构稳定住房价格的意见》（简称"国六条"）及其细则进一步加强了政府调控力度。同一天，《关于调整住房供应结构稳定住房价格的意见》（简称"国十五条"）出台，明确了宏观调控整体的住房结构规划的调整方向。2007年9月27日，《关于加强商业性房地产信贷管理的通知》正式出台，该政策对当时的住房消费贷款细则进行了较大调整。2008年12月20日，《关于促进房地产市场健康发展的若干意见》（简称"国十三条"）出台，加大保障性住房建设力度，进一步鼓励普通商品住房消费。2009年10月24日，温家宝总理主持召开国务院常务会议上，就促进房地产市场健康发展提出增加供给、抑制投机、加强监管、推进保障房建设的四大举措（简称"国四条"）。2010年1月10日，《关于促进房地产市场平稳健康发展的通知》（简称"国十一条"）出台。2010年4月17日，国务院为了坚决遏制部分城市房价过快上涨，发布《国务院关于坚决遏制部分城市房价过快上涨的通知》（简称"新国十条"），号称是史上最严的住房调控政策。

另外，房地产产业的迅速发展对住宅总量增长起到了重要的推动作用，但带来了房价的高速攀升，同时也出现了住房消费债务过高、房地产金融风险等不利于住宅产业健康发展的现象（图6-1）。在过去20年中，伴随着房地产的发展，'稳房价'"稳预期"的多轮调控也一直在进行。1999~2002年、2008~2010年、2014~2016年，伴随着宏观经济增长的周期，包括克服全球经济危机的影响、去房地产库存等策略，房地产市场均产生周期性的过热。但从2010年"新国十条"以来，房地产调控愈发关注经济高质量发展和市场健康发展的长效机制的建设，尤其是

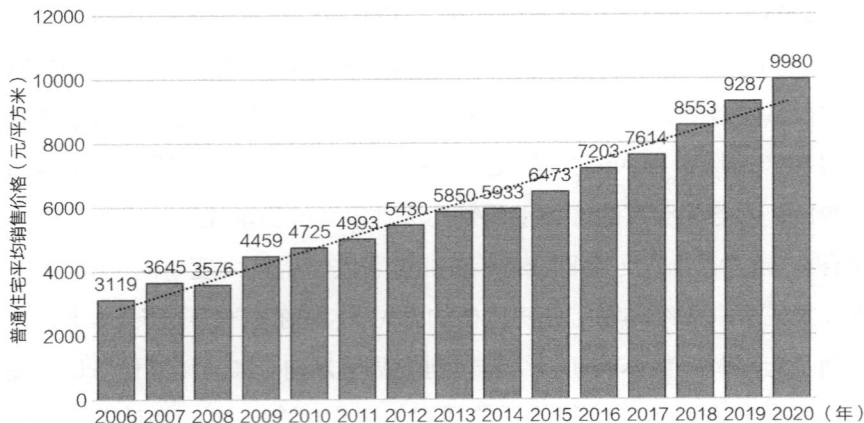

图6-1　历年普通商品住宅平均销售价格

资料来源:《2021中国统计年鉴》。

强调基础性制度安排。这对过去以房地产开发供应为主的住房建设产生巨大影响。

目前,我国住房市场存在的根本问题依然是住房供需体系的结构性失衡,前文的案例实证说明了中低收入群体的住房需求很难完全通过住房市场提供的普通商品住宅得以满足。这种住房供需体系的结构性矛盾是我国城市住房问题的根源所在。保障性住房应是政府住房福利政策的一部分,是政府弥补市场缺陷、保障社会公平所应履行的职责,应该由政府主导建设规划和融资开发,不应当完全依靠住宅市场。试图通过"限房价"来达到抑制房价的目的,实际上是一种舍本求末的做法。

1994年国务院提出加快经济适用住房(以下简称"经适房")的建设,经适房随即成为这一时期最主要的住房安居手段。但其只售不租的保障方式和再流转机制的缺乏,导致住房供给量不能满足人们日趋增长的住房需求。由于产权可以用作营利,其公平性也存在一定争议。受限于低收益公共产品的属性,在土地财政和房地产开发热潮影响下,经适房削弱了市场投资建设的积极性,2001年经适房占到全年房屋开工面积的20%，2010年仅占3%，几乎退出了市场。

随着1999年廉租房政策的提出及2005年管理办法的完善，我国的廉租保障体系基本构建起来。为扩大覆盖范围至更多住房困难群体，2010年公租房加入了保障房体系。2014年，公租房与廉租房并轨为公共租赁住房，削减并停止供应经适房，保障方式由只售不租彻底改革为只租不售。作为我国现行住房保障体系的最重要构成部分，截至2018年年底，公共租赁住房共解决全国3700多万居民的住房问题，"居者有其屋"的安居梦正逐步实现[①]（图6-2）。

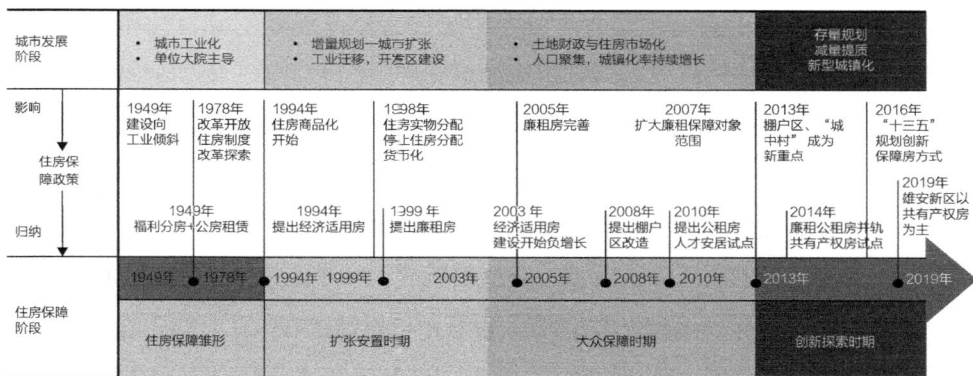

图6-2　新中国成立以来保障房政策与城市发展历程示意图
资料来源：赵万民，王智，王华. 我国保障性住房政策的演进趋势、动因及协调机制 [J].
规划师，2020（11）：87.

6.1.2　住房规划回顾

1．住房建设规划

2006年以来国务院下发系列文件，加大了房地产市场的宏观调控力

---

① 赵万民，王智，王华. 我国保障性住房政策的演进趋势、动因及协调机制 [J]. 规划师，2020（11）：
86-87.

度，要求调整住房供应结构，着力增加普通商品住房、经济适用住房和廉租住房供给，同时，住房建设规划的编制工作也随之启动并全面开展。分别于2006年、2008年、2012年开展了三轮住房建设规划的编制工作，规划期限分别为2006～2010年、2008～2012年和2010～2012年。

从三轮住房建设规划的编制情况来看，城市政府对住房建设规划编制工作较为重视，并初步形成了"政府组织、部门合作"的规划编制模式。总体来看，住房建设规划的编制组织仍然存在着相关部门参与不足的问题。住房建设问题复杂，涉及各级城市政府相关多个部门，在落实过程中，只有少部分城市由2个以上的部门联合组织编制住房建设规划，相关部门的参与不足，无疑会影响住房建设规划的综合性和操作性。同时，住房建设规划编制组织的牵头部门仍不明确。规划编制组织的主管部门有待进一步规范和明确，以强化住房建设规划编制组织的部门职责[①]。

在这三轮住房建设规划编制中，国家住房领域的相关政策，包括各类保障性住房的面积标准要求、套型建筑面积90平方米以下住房面积和用地所占比重必须达到开发建设总面积和总用地的70%以上的要求、关于发展公共租赁住房的要求、关于改善进城务工人员居住条件的要求等，均得到了较好的贯彻落实。但是，各地在编制住房建设规划中仍存在住房供应分类与称谓混乱、缺乏规范的现象。除经济适用住房、廉租住房、公共租赁住房、限价商品住房、普通商品住房等国家政策文件采用的标准称谓外，很多城市还采取了其他分类方法和称谓，多达数十种，缺乏统一科学的界定，相互之间关系不明。部分住房类型存在分类混乱的情况，如有少数城市将限价商品住房列为保障性与政策性住房，在棚户区或"城中村"改造安置住房上也存在类似问题。作为住房建设

---

① 焦怡雪. 我国三轮住房建设规划编制情况的回顾与总结［C］//2012中国城市规划年会论文集，2012.

规划、住房政策制定和落实的基点，急需对住房类型各种称谓的概念及相互之间的关系进行统一、科学地界定。

2. 住房发展规划

到2012年，我国已初步形成国家—省区—城市三级住房发展规划体系。在国家层面，2012年首次编制完成了《全国城镇住房发展规划（2011~2015年）》，并明确要求"各省、自治区编制本行政区域城镇住房发展规划，贯彻全国城镇住房发展规划的要求，结合实际情况，提出本地区住房发展的目标任务和政策措施。各城市编制城市住房建设规划和年度计划，根据国家和省区住房发展规划的总体要求，明确住房建设的总量、结构、时序和空间布局"。此后，各省区和城市按照国家住房规划的要求编制了本辖区的"十二五"和"十三五"住房规划。

截至2019年，从公开发布信息来看，40个一线、二线重点城市中，已编制"十三五"时期住房规划的不到三分之一，包括上海、武汉、福州、深圳、西宁、无锡、苏州、温州、厦门、广州、银川等11个城市，整体工作进展较慢，各地推进不平衡，各省区住房规划编制完成情况差异较大[1]。另外，各地对住房发展规划作用的认识不清，住房发展规划定位、与房地产长效机制和其他规划的关系难以把握；各地在规划名称、年限上也缺乏统一性、规范性。对于住房发展规划体系，各地的理解也不同。目前，各城市普遍存在住房底数不清、住房需求难以准确预测等问题。各类住房存量、空置率、租赁价格、已出让未开发居住用地等数据缺乏统计资源。同时，人口、城镇化、经济发展等对住房需求影响较大的重要因素难以准确预测，导致对商品房的实际需求把握不准确。以上因素导致一些城市对住房的特征问题与目标识别不准。

---

① 高恒，张璐，焦怡雪. 我国城市住房发展规划编制的现状、问题及政策建议[J]. 住宅产业，2020（4）：77-79.

目前，部分城市已经陆续启动了"十四五"住房规划编制工作，需要尽快对城市住房发展规划的编制方法与实施机制进行研究，从国家层面对城市政府提出指导与要求，确保住房发展规划切实起到对城市住房建设与发展的引领作用，并成为加快住房制度改革和房地产长效机制建设的重要抓手。

6.2 大城市可持续的居住结构

回顾百年西方城市规划思想和实践的历程，无一不是在探寻理想的城市空间结构，从20世纪30年代倡导功能分区和形式性的城市，到20世纪60年代强调功能复合和多元化的城市，直至如今，主张以可持续发展观指导和发展的城市，城市发展价值观的变化影响着城市空间结构组织的理念和实践。作为城市主要功能之一的居住空间在这一过程中也取得了重要的进展。如何塑造良好的城市居住空间结构这一问题，也可从百年城市规划思想和实践的回顾中得到启示。

如前文所述，社会分层是现阶段中国大城市不可避免的普遍社会现象。而在社会阶层出现分化的情况下，社会公正应当作为社会整合的一项重要原则①，它正是衡量社会发展的一个非常重要的角度。从社会公正原则的角度来看，"社会底层"群体的生活状况是否得到改善，是衡量社会发展和社会进步的重要指标。所以，解决低收入边缘人群的住房问题是塑造良好的城市居住空间结构的关键所在。

城市发展与可持续性问题密不可分，塑造可持续的城市居住空间结构需要建立城市社会的可持续性概念。伊夫塔切尔和赫奇科克将这个概念定

---

① 李培林，等. 中国社会分层 [M]. 北京：社会科学文献出版社，2004：13.

义为"一个对人类相互作用、交流和文化发展产生作用的长期生存环境的持续能力……简言之，城市社会的可持续性是关于一个充满活力的城市社会单元长期生存的问题"。布洛尔斯在结合西方城市发展现状的基础上，提出了"多样化城市"的居住空间结构模式①（图6-3），这种形式以规模较小、相对密度较大并通过大量使用公共交通进行联系的居民区实现。不过，这种模式是需要基于西方城市庞大的中间阶层的社会结构来实现的，所以对于我国城市居住空间结构的模式仅具有部分借鉴的作用（表6-1）。

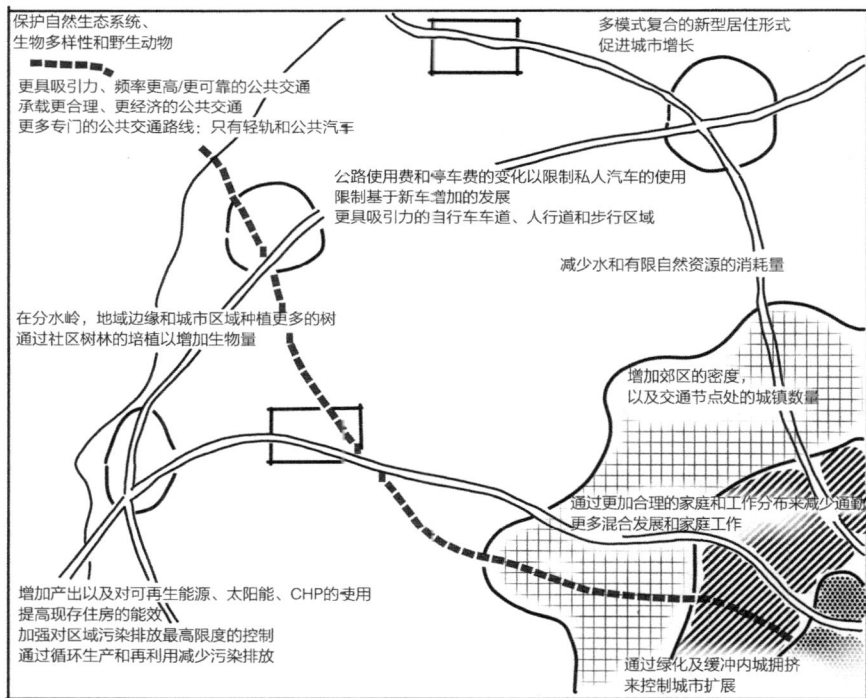

图6-3 可持续性城市居住空间结构的可能模式——"多样化的城市"
资料来源：改绘自诺克斯，平奇.城市社会地理学导论［M］.柴彦威，等译.北京：商务印书馆，2005：355.

---

① 诺克斯，平奇.城市社会地理学导论［M］.柴彦威，等译.北京：商务印书馆，2005：354-355.

国外相关居住规划理论对居住空间结构规划的启示　　　　表6-1

时期	主要思想与流派	居住空间结构规划的启示	代表学者、宪章或组织	城市空间规划模型	城市实践案例
20世纪60年代以前	分散主义	"综合性卫星城"居住空间与第二、三产业相结合，指状城市提出居住空间和工作岗位沿交通线布置，快速而便捷的交通	霍华德	花园城市	英国大伦敦规划（1944）、丹麦哥本哈根指状规划（1947）
			戈涅	工业城市	
			恩温	卫星城	
	集中主义	重视快速交通的作用，讲究效率	柯布西耶	光明城	巴西巴西利亚规划（1956）
	功能主义	城市各项功能彼此分开，居住、工作、休憩等职能完全分割，通过交通相连	《雅典宪章》	城市树状结构	英国哈罗新城规划（1947）
20世纪60年代~80年代	反功能主义	城市郊区通过增加就业机会，吸引人口外迁	里斯	整体环状分区城市空间结构	美国华盛顿放射长廊规划（1961）、法国巴黎大区多中心规划（1965）
		城市功能空间的模糊、不定性分布避免严格的功能分区，就业区位与路网结构均衡分布，高效的交通	亚历山大	城市半网络结构	英国米尔顿·凯恩斯新城规划（1976）
20世纪80年代以后	可持续发展理念	人与环境协调、合理利用资源、生态社区	联合国人居署	—	—
	新城市主义与精明增长	社区应当包括多样性的住宅类型、社区内的商业应提供社区居民广泛类型的工作岗位、社区位置和特点应当与更大范围的公共交通网络相一致	安德烈斯·杜安尼（Andres Duany）、伊丽莎白·普拉特-齐贝克（Elizabeth Plater-Zyberk）	TND模式、TOD模式	美国佛罗里达州艾丽斯滨海镇规划（Alys Beach）（1980）、美国加利福尼亚州西拉古纳社区规划（Laguna West）（1990）

在笔者看来，可持续的大城市居住结构应当包括以下几点。

（1）面向社会各收入阶层的住宅产品。包括高档住房、普通商品房、保障性住房等，以及健康有序发展的租赁住宅和二手住宅。较低收入群体的住宅位于城市中心区附近，并且在城市中呈散点式分布，距离工作地点近，有着便利的交通条件等。

（2）合理的就业与居住布局。就业区位的分布要满足能为整个城市提供均衡的就业岗位。具有覆盖整个城市便捷廉价的公共交通设施网络，以保证居民能够在整个城市范围内有平等的就业选择和住宅选择的权利。

（3）以社区服务为核心的均衡的公共服务设施网络。社区公共服务设施一方面为居民提供基层的社区服务，另一方面能够提供相当一部分就近发展的就业机会。

6.3　中国大城市居住结构的优化对策建议

本节在基于前文对中国大城市居住结构的现状研究和问题分析的基础上，结合对大城市可持续居住结构的阐述，在研究多层次的住宅供应体系、紧凑的就业与居住布局与均衡的公共服务设施网络三个方面的基础上，提出中国大城市居住结构优化对策建议。

6.3.1　多层次的住宅供应体系

毋庸置疑，我国城市住宅产业依然是城市重要的支柱产业之一。与此同时，政府需要对住宅供应结构进行调整，进一步完善住房保障制度，正确运用政府调控和市场机制两个手段，使得调控与市场并行，既不是过分干涉，也不是过分放纵。

近年来国家住房政策进行了若干次重大调控，在很大程度上体现了对低收入群体住房问题的关注，也取得了一定成效。笔者建议，未来的住房政策优化方向应当从以下两个方面来重点考虑。

其一，具体化面向各阶层的多层次的住房供应产品，除商品房、保障性住房外，还应当包括开放的住房二级租售市场。建立科学的低收入及住房贫困的评价体系，保证保障性住房的供应数量与低收入群体的住房需求匹配。通过发展住房二级销售市场和租赁市场，引导居民通过换购、租赁等方式合理改善居住条件，从而逐步解决低收入家庭的住房困难。

其二，将城市流动人口正式纳入城市住房保障体系，进行统一的城市住房建设规划。对于现存的流动人口聚居地不可一味推翻，应当进行适当改造更新，并且加强管理，作为低收入人群选择居住的过渡地点。

在中国目前分化的社会居住空间结构现状下，只有从根本上解决中低收入群体的住房问题，住宅市场才能健康、有序地发展。借鉴前文所述的发达国家和发展中国家住房供应体系的经验，可以粗略构想我国城市住房供应体系应该由以下三部分组成。

（1）商品住宅。其中包括住宅合作形式的组织建房。这部分住房供应由相对自由并且成熟的房地产市场运作提供，面向社会中高收入水平群体。

（2）公共住宅。由中央或者地方政府投资或融资，大规模建造的面向中低收入群体出租或者出售的住宅。这部分住房具有强烈的社会保障和福利色彩。

（3）"非正式住宅"。这里指的是城市收入底层居民的聚居地，如城市边缘的"城中村"等，政府予以适当整治和加强管理，作为"城市移民"向"城市居民"转变的过渡居住地。后两者可以统称为保障性住房。

根据图6-4我们可以粗略地了解到，保障性住房部分所涉及的居民数约为60%以上，占到了总数的三分之二左右。

从我国城市发展的现状来看，住宅产业必须走资源节约型的发展道路，选择适度消费的发展模式是符合我国国情的住宅消费模式，盲目追求套均建筑面积增大的现象应当加以限制。从收入的角度分析，我国城镇居民总体收入普遍还是偏低，而且贫富差距日益增大，高收入者基本已从市场中获得了第一套住宅，中低收入者仍然对房价比较敏感。由于受收入硬约束的制约，购买大面积单元住宅的总价较高，即使算上抵押贷款和公积金支持，对大多数中低收入者来说，新购置住房至少需要十几年的努力。一个国家或地区居住水平的提高是一个渐进的过程，它与国

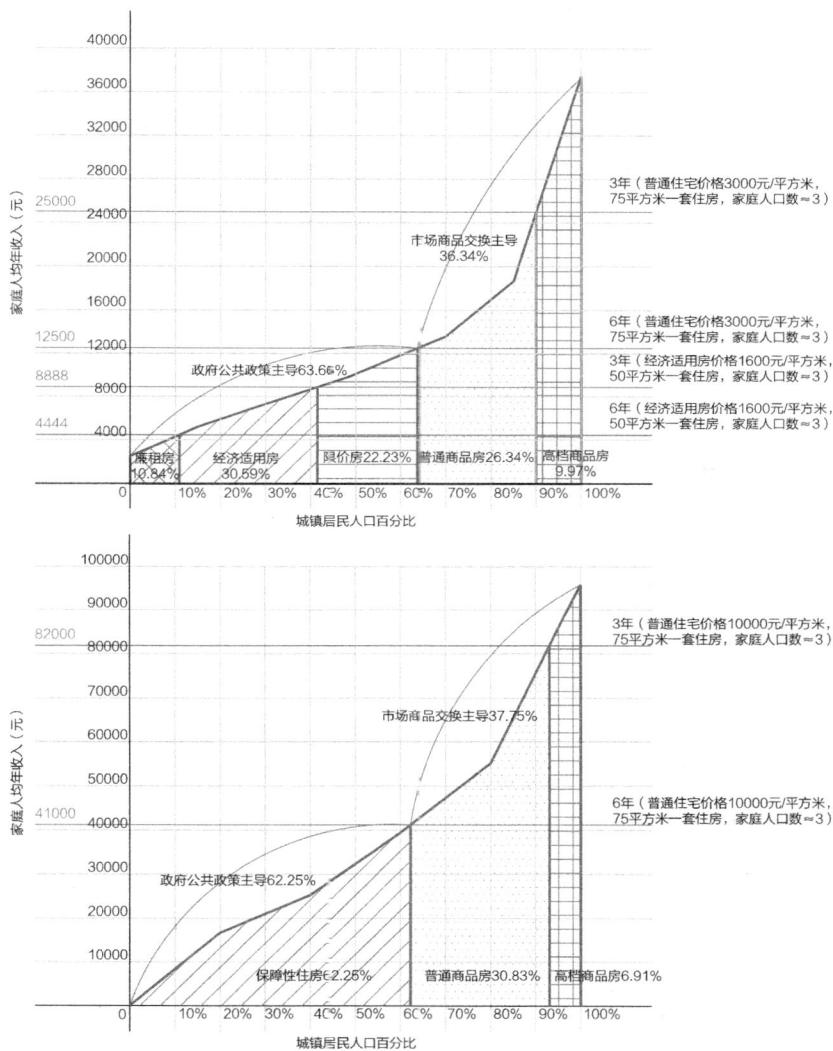

图6-4　城市住房供应层级图①

----

① 依据《中国统计年鉴》2006年和2021年的相关数据绘制而成，主要参考数据为当年的城镇居民家庭人均可支配收入和普通商品住宅销售价格。

家的经济实力密切联系，脱离经济条件大力提高住宅面积将加剧供需矛盾，形成一定的积压，因此提倡住宅的梯度消费非常必要。各级政府的住房供给应形成合理的梯度供给结构，以多元化的梯度保障覆盖更多人群；继续创新保障房的形式，试点建设共有产权房、人才安居住房，探索吸纳非正规住房、合作型住房和集体土地租赁住房。结合政策性供给和市场化供应的各类住房建设，明确各层级供应的最低要求。最终构建以公共租赁住房为主体、各类创新保障房为补充的多层级梯度住房供应体系。

6.3.2　紧凑的就业与居住布局

对于大城市的就业和居住布局的关系，应当主要从以下几个方面进行优化。

（1）控制单一功能的居住区开发规模

对于城市建成区，区内改造项目较多而新建项目较少，鼓励采用渐进式的、小规模的改造方法实现用地上的功能混合，这样才会避免在城市中心区形成过多的交通汇聚点。而土地的混合利用和开发，并不意味着削弱或者阻碍空间集聚。对于在功能和产业发展上都需要空间聚集的中央商务区，在土地利用上仍然鼓励一定程度的混合开发：其局部的居住比例可以适当降低，避免单纯的住宅开发模式。在保持混合利用的前提下提高土地开发强度，达到有效的聚集。此外，鼓励不同类型、不同档次住宅的混合，尤其保证一定比例的保障性住宅在中心区的开发建设。住宅开发选址从边缘化、规模化到追求有机融合，尤其是在保障性住房方面，采取商品房配建、城区散点式插建及旧城更新后原址重建等多样的保障房选址方式，与城市副中心、片区级中心有机融合在一起，呈现出斑块融入、叠加的发展模式。

（2）协调城市土地利用和交通需求

对于城市土地开发与城市交通需求之间的关系需要作深入分析，避免高强度土地开发给既有交通设施带来过重的负担。应在城市土地开发中引入交通影响分析（Traffic Impact Analysis），对土地利用开发所引起的交通量进行分析预测研究，并将其纳入土地使用、修建管理的审批之中，即对新开发项目进行交通影响分析，预测结果和应该确保的交通设施服务水平相对照。当不满足要求时，或者让开发者负担与开发影响相当的交通设施建设费，或者让开发者修改原开发计划，使其不给周围交通设施增加新的交通负荷。对于城市新区建设，应该在结合集中投资建设城市基础设施及"有机集中"地发展城市新区的基础上，提倡交通导向的城市发展模式。

（3）促进新区产业的全面建设和发展

从制度安排的层面上讲，城市新区建设应尽量避免传统的卫星城建设方式，微观上可以考虑适当引进建立新区开发公司或者类似机构的机制，宏观上政府应增加区域协调统筹力度，并加大对新区的扶持，施行与市区同等甚至更为优越的政策。多元化的投资可以形成全面的产业基础，成为新区经济和社会的良好依托。从功能类型看，要注重同时发展新区的产业功能和服务功能，两者不能偏废其一。新区的"自足性"要求其能够满足居住在新区的居民对生活质量的要求。丰富多样的产业和服务业能够提供大量工作岗位，吸引并容纳多层次的社会群体，同时有益于提高新区居民的生活质量。已经具备产业基础的新区，则应该针对既有工业区和产业员工的需求，优化其产业定位，使新区的服务业态与居民的居住生活紧密结合。

（4）城市更新过程中保障旧区居民的就业

由于城市旧区人口中低收入阶层所占比例较高，旧区的住宅更新往往会带来旧区居民面临再就业的困难。所以在对城市旧区的更新过程中，一方面规划尽可能安排居民回迁，使其能受益于原有的社会经济网络，保障就业和收入来源；另一方面在土地利用方面也提倡商业和住宅的混合模式，保持原有的小型多样化商业空间，以及传统商业和居住相结合的方式，为旧区居民尤其是低收入居民提供多样化的就业渠道。

（5）鼓励相对集中的城市布局

在保证居民生活质量和城市正常运行的前提下，鼓励采用更为紧凑的发展模式，避免低效率的城市蔓延；这也是避免职住分离现象出现的手段之一。强调组群发展（Cluster Develop）、密集开发，把生活、工作、购物等空间集中起来，提供多类型的居住、就业、社会服务等条件。提高中低收入阶层步行、自行车出行的可能性，降低其长距离出行频率，实现生活成本的降低，生活质量的提高。城市紧凑发展为大容量公共交通发展及公交导向开发模式（TOD）的实现，奠定了良好基础，为进一步降低中低收入阶层生活成本、提高不同阶层混合居住水平提供可能。

6.3.3　均衡的公共服务设施网络

大城市的公共服务设施网络的优化对策可以从以下政策、经济和社会三方面因素来考虑。

（1）在指标体系层面上，应对市场经济的特定背景，修正补充公共服务设施的分级、分类项目。在原有国家标准体系基础上，根据具体情况增加社区学校、下岗职工再就业培训、老年设施等项目。指令性项目文本中的社会公共产品的定额计算仍可采用千人指标，但是此千人指标核定的基础应和以前的千人指标有所不同。实际操作中，不同档次社区人均建筑面积存在很大差异，因此，在公共服务设施规划人口数核定千人指标时，应同时考虑不同档次居住社区的需求。由于指导性项目文本中的社会准公共产品、私人产品的绝大多数是可以市场化的，因此指导性项目的数量原则上应该由市场供给和需求来决定，但政府对地块总量及地价要求应有相应的指引管控。同时，政府还必须保留解决居民和开发商之间有关指导性公共服务设施纠纷的权利，以弥补市场的空白。同时，政府应制定与公共服务设施运作模式相适应的制度，通过加强相关的法规文件来予以保障。包括公共服务设施供给的一般制度和进入政策、价格政策、规模政策、环境政策、收益政策等，为实现社会公正提供保障。

（2）从公共经济学的角度看，公共服务设施涵盖了社会公共产品、社会准公共产品、私人产品等几种类型。现行规划标准在类型划分上还略显单一，实质上模糊了不同产品属性与提供者的对应关系。应按照公共服务设施的产品和服务性质来进行类别划分，进而确定相应的建设主体。社会公共产品如中小学属于公共消费，不需要向使用者收费，资金以政府财政为主要的融资渠道，配之以社会公共债券、基金等，而社会准公共产品则介于公共消费与私人消费之间，可以适当实行市场化运作，以政府投资为导向，让有限的财政资金充分发挥作用。应积极引进市场主体，采取项目补助的方法吸引社会资金的投入，允许各种类型的企业、个人介入项目投资，形成多元化主体结构。而私人产品具有显著的营利性，市场本身会作出最恰当的安排，因而不必对指标体系作过细的要求，只需在总量上给予指引和控制。因此，在社区公共规划中，应尽量把各种公共服务设施用地与居民住宅用地分开，需要政府投资的各类设施都应该独立设置用地，采取单独或集中的方式配置。

（3）居民是公共服务设施的直接使用者，他们的需求就是市场的需求。为了社区居民的福利最大化，政府应该对居民的需求有及时、充分的把握，使政府的决策充分体现公众的选择。同时，居民应是公共服务设施管理的参与者，而不仅仅是被动的接受者。但是以前，居民由于缺乏对权利和社会资源的支配能力，在公共服务设施管理中话语权不足。因此，应加强公共服务设施运作的公众参与，建立公共服务设施需求信息的反馈收集机制，并成立相关机制定期对公共服务设施的管理进行评估，对居民采取访谈和广泛发放问卷的形式收集反馈信息，并把他们的意见和要求作为服务设施改善更新的重要依据，使之真正参与决策过程。公众参与公共服务设施的管理具有不可替代的作用，应创造条件来充分发挥公众参与的积极性。社区非营利组织是公众参与社区管理的有效途径，因此应着力培育和发展社区非营利组织。社区非营利组织在沟通政府与市民之间的联系、缓解社会冲突方面起着重要的融合作用。在公共服务设施实际运作中，社区非营利机构不仅承担社区的大部分管理与服务工作，同时还能够创造大量新的就业岗位。

对于城市新区来说，公共服务设施的建设发展往往滞后于住宅的建设发展，所以城市新区的公共服务设施网络的规划尤为重要。城市新区的居住区公共服务设施规划不仅要考虑到各级别公共服务设施需要进行分期建设和发展以适应城市新区住宅的逐步开发过程，而且在公共服务设施网络的布局上，更应当注重社会公共资源的公平性，避免其向高收入住宅区倾斜，保证公共服务设施网络的均衡发展。对城市旧区来说，公共服务设施的发展相对较为成熟，但社区级别的服务设施，尤其是社区级别的商业服务设施还相对较为匮乏，所以社区级别的公共设施服务体系应当是至关重要的，包括社区级别的商业服务设施、医疗服务设施等。可以说，基层的社区商业才是居住区商业服务规划的核心。国外许多城市社区商业服务规划的成功实践经验说明，社区商业服务不仅能够为居民提供便利的生活服务，还能够为相当一部分低收入人群提供相关服务业的就业岗位。把公共服务与社区结合是一举两得。

6.4　小结

　　本章回顾了国家宏观居住政策调控的内容，从住宅房地产投资来源、住房产品的供应体系等方面对其进行分析和评价。对2006年以来的住房建设规划和住房发展规划进行了梳理。研究在提出大城市可持续居住结构的概念基础上，从多层次的住房供应体系、紧凑的就业与居住布局，均衡的公共设施网络三个方面展望中国未来大城市居住结构优化的选择方向。

结语

居住问题是城市研究者永远关注的话题。本书在回顾了城市居住结构理论发展和城市居住结构优化对策的理论和实践的基础上，结合我国大城市居住的现状特点，针对研究和实践中存在的问题，构建中国大城市居住结构的研究和优化对策的理论框架。研究借鉴国际城市居住结构优化的实践经验，通过实地调查研究对中国大城市居住结构的现状问题进行分析和总结归纳，主要分为住宅产品结构、居住与就业区位及公共服务设施这三个互相关联、密不可分的重要层面，在此基础上通过评析近年来中国城市居住政策的发展，提出大城市可持续的居住结构的概念，最后提出未来中国大城市居住结构优化对策的发展方向。

本书的主要创新性成果在于：

（1）明确提出了城市居住结构具有社会、空间的双重属性，从社会经济、公共政策、工程技术多角度解决城市居住问题，开阔了相关领域理论和实践的视野，赋予城市居住结构在中国大城市现实背景下的新内涵。

（2）对济南、南京两个典型性案例进行深入的现场调查研究，利用城市社会学、人文地理学方法进行城市居住结构的分析，为国内该领域的研究提供了一手研究素材和数据，对该领域今后的发展具有重要的参考价值。

（3）从多层次的住房供立体系、紧凑的就业与居住布局、均衡的公共设施网络三个方面展望中国未来大城市居住结构的优化选择方向，从理论和实践两个层次提出了中国大城市居住结构的综合优化对策。

我国的城市居住结构研究及城市居住结构优化对策的研究还尚未成熟，适合我国国情的行之有效的中国大城市居住结构优化对策的制定仍需要政府行政管理部门、城市规划工作者及相关专业技术人员的共同努力。理论研究的意义在于与现实结合的紧密性，以及对实践活动的指导性。由于本书篇幅和作者能力所限，尚有许多内容需要在今后的研究中继续深化，这些值得进一步深化的领域有：

（1）深化对"城市居住结构"的定义及其要素关系的研究。在本书对城市居住结构构成要素及城市居住结构的核心层面的阐述基础上，提炼出对城市居住结构现状评价的几个关键指数，例如"可用保障性住房套数与保障性住房家庭需求数比""就业与居住区位分离指数""公共服务设施覆盖百分比"等，有助于清晰地掌握和了解城市居住的现状，明确目前城市居住结构的问题，并探寻获得这类数据的科学的调查研究方法，希望能够建立起全国各城市居住结构的相关数据库。这种针对性的"城市居住结构"指数也为相关的城市居住政策的制定奠定了基础。

（2）探寻规划、管理一体化的大城市居住结构优化对策的制度建设方法和途径。城市居住结构优化对策的有效实施与相关的规划建设管理密不可分。城市居住结构优化对策不仅仅局限于住房本身的建设问题，还包括了整体城市用地布局、交通设施和公共服务设施的开发和建设，需要规划管理制度方面的创新才能使这种综合的城市居住结构优化对策的效力得到保障。

（3）将城市社会学、人文地理学在城市规划理论研究中的运用方法进一步系统化和具体化。建立城市规划学中实地调查的分析研究框架，给类似的理论和实践研究提供可操作的具体方法。

参考文献

[1] 巴比. 社会研究方法：第10版 [M]. 邱泽奇，译. 北京：华夏出版社，2005.

[2] 吉登斯. 社会学 [M]. 赵旭东，等译. 北京：北京大学出版社，2003.

[3] 贝尔琴，等. 全球视角中的城市经济 [M]. 刘书瀚，孙钰，译. 长春：吉林人民出版社，2001.

[4] 诺克斯，平奇. 城市社会地理学导论 [M]. 柴彦威，等译. 北京：商务印书馆，2005.

[5] 包亚明. 现代性与空间的生产 [M]. 上海：上海教育出版社，2003.

[6] 包亚明. 后大都市与文化研究 [M]. 上海：上海教育出版社，2005.

[7] 包宗华. 关于房价收入比的再研究 [J]. 城市开发，2003（1）：17-19.

[8] 柴彦威. 城市空间 [M]. 北京：科学出版社，2002.

[9] 柴彦威，胡智勇，仵宗卿. 天津城市内部人口迁居特征及机制分析 [J]. 地理研究，2000（4）：391-399.

[10] 柴彦威，周一星. 大连市居住郊区化的现状、机制及趋势 [J]. 地理科学，2000（2）：127-132.

[11] 崔功豪，等. 城市地理学 [M]. 南京：江苏教育出版社，1992.

[12] 丁成日. 土地政策和城市住房发展 [J]. 城市发展研究，2002（2）：61-66，35.

[13] 董昕. 城市住宅区位及其影响因素分析 [J]. 城市规划，2001（2）：33-39.

[14] 杜德斌，崔裴，刘小玲. 论住宅需求、居住选址与居住分异 [J]. 经济地理，1996（1）：82-90.

[15] 冯健. 杭州市人口密度空间分布及其演化的模型研究 [J]. 地理研究，

2002（5）：635-646.

[16] 冯健，周一星. 中国城市内部空间结构研究进展与展望 [J]. 地理科学进展，2003（3）：204-215.

[17] 冯健，周一星. 北京都市区社会空间结构及其演化（1982—2000）[J]. 地理研究，2003（4）：465-483.

[18] 冯健，周一星. 杭州市人口的空间变动与郊区化研究 [J]. 城市规划，2002（1）：58-65.

[19] 冯健. 转型期中国城市内部空间重构 [M]. 北京：科学出版社，2004.

[20] 冯健. 西方城市内部空间结构研究及其启示 [J]. 城市规划，2005（8）：41-50.

[21] 范炜. 城市居住用地区位研究 [M]. 南京：东南大学出版社，2004.

[22] 风笑天. 社会学研究方法 [M]. 北京：中国人民大学出版社，2001：6-13.

[23] 胡彬. 制度变迁中的中国房地产业 [M]. 上海：上海财大出版社，2002.

[24] 胡惠琴，周畅. 东京六本木丘新城开发的理念和尝试 [J]. 世界建筑，2004（12）：70-71.

[25] 黄志宏. 城市居住区空间结构模式的演变 [M]. 北京：社会科学文献出版社，2006.

[26] 阿尔伯斯. 城市规划理论与实践概论 [M]. 吴唯佳，译. 北京：科学出版社，2000.

[27] 高向东. 大城市人口分布变动与郊区化研究——以上海为例 [M]. 上海：复旦大学出版社，2003.

[28] 顾朝林. 城市社会学 [M]. 南京：东南大学出版社，2002.

[29] 顾朝林，甄峰，张京祥. 集聚与扩散——城市空间结构新论 [M]. 南京：东南大学出版社，2000.

[30] 顾朝林，等. 北京社会极化与空间分异研究 [J]. 地理学报，1997（5）：385-393.

[31] 顾朝林. 中国城市地理 [M]. 北京：商务印书馆，1999.

[32] 顾朝林，等. 北京城市社会区分析 [J]. 地理学报，2003（11）：917-926.

[33] 顾云昌. 跨世纪中国住宅产业政策研究的思考 [J]. 中国房地产，1997（1）：4-11.

[34] 国际城市（县）管理协会，美国规划协会. 地方政府规划实践 [M]. 张永刚，等译. 北京：口国建筑工业出版社，2006.

[35] 侯淅珉. 日本、新加坡公共住房的建设、供应对象与价格 [J]. 中国房地产，1995（7）：65-68.

[36] 黄波. 战后初期美国住房问题及政府对策 [J]. 武汉交通管理干部学院学报，2001（12）：28-31.

[37] 黄亚平. 城市空间理论与空间分析 [M]. 南京：东南大学出版社，2002.

[38] 雅各布斯. 美国大城市的死与生 [M]. 金衡山，译. 南京：译林出版社，2005.

[39] 芒福德. 城市发展史——起源、演变和前景 [M]. 倪文彦，宋俊岭，译. 北京：中国建筑工业出版社，1989.

[40] 蒋浙安. 战后英日两国城市住宅法比较 [J]. 淮北煤炭师范学院学报（哲学社会科学版），2004（8）：63-64.

[41] 吕俊华，罗彼得，张杰. 中国现代城市住宅1840—2000 [M]. 北京：清华大学出版社，2003.

[42] 刘长岐. 北京市居住空间结构的演变研究 [D]. 北京：中国社会科学院，2003.

[43] 刘佳燕，陈振华，王鹏，等. 北京新城公共设施规划中的思考 [J]. 城市规划，2006（4）：38-42，50.

[44] 刘文贤. 国外社区商业给我们什么启示 [J]. 北京房地产，2006（10）：99-102.

[45] 刘友平. 住房市场过滤理论及其应用研究 [D]. 重庆：重庆大学，2003.

[46] 刘云，宁奇峰，陈伟. 香港保障性住房供应体系的特点及其启示 [J]. 现代城市研究，2002（4）：71-74.

[47] 刘志峰. 城市对话：国际性大都市建设与住房探究 [M]. 北京：企业管理出版社，2007.

[48] 刘志峰. 关于房地产业的形势和问题 [J]. 城市开发，2003（2）：13-15.

[49] 李晨. 北京市住宅市场持续发展的若干问题 [J]. 城市开发，2003（5）：48-50.

[50] 李成磊. 北京边缘集团商业空间结构研究——以回龙观、望京、方庄为例 [D]. 北京：清华大学，2006.

[51] 李和平，李浩. 城市规划社会调查方法 [M]. 北京：中国建筑工业出版社，2004.

[52] 李培林，等. 2005年：中国社会形势分析与预测 [M]. 北京：社会科学文献出版社，2004.

［53］李培林，等．中国社会分层［M］．北京：社会科学文献出版社，2004.

［54］李强．中国社会分层结构的新变化［M］．北京：社会科学文献出版社．2004.

［55］李蕊芳．北京市就业和居住空间结构的演变和发展研究［D］．北京：清华大学，2005.

［56］李森．城市社区建设概论［M］．南京：山东大学出版社，2001.

［57］李志刚，等．当代我国大都市的社会空间分异——对上海三个社区的实证研究［J］．城市规划，2004（6）：60-67.

［58］黑尧．现代国家的政策过程［M］．赵成根，译．北京：中国青年出版社，2004.

［59］孟雨岩．城市居住空间结构研究［D］．北京：中国社会科学院，2004.

［60］聂兰生．21世纪中国大城市居住形态解析［M］．天津：天津大学出版社，2004.

［61］宁越敏，查志强．大都市人居环境评价和优化研究［J］．城市规划，1999（6）：15-21.

［62］牛凤瑞．中国房地产发展报告/房地产蓝皮书［M］．北京：社会科学文献出版社，2006.

［63］欧阳东．让穷人有房住——城镇最低收入家庭住房保障探析．城乡建设，2004（7）.

［64］邵益生．中国城市发展问题观察［M］．北京：中国建筑工业出版社，2007.

［65］深圳国土资源和房产管理局．2004—2005深圳房地产发展报告［M］．北京：中国大地出版社，2005.

［66］宋博通．三种典型住房补贴政策的"过滤"研究［J］．城乡建设，2002（8）：27-29.

［67］宋博通．美国联邦政府低收入阶层住房政策论述［J］．中国房地产，2002（9）：71-73.

［68］宋家泰．城市总体规划［M］．北京：商务印书馆，1985.

［69］田东海．住房政策：国际经验借鉴和中国现实选择［M］．北京：清华大学出版社，1998.

［70］田文祝．改革开放后北京城市居住空间结构研究［D］．北京：北京大学，1999.

［71］田野．转型期中国城市不同阶层混合居住研究［D］．北京：清华大学，2005.

［72］吴启焰．大城市居住空间分异研究的理论与实践［M］．北京：科学出版社，2001.

[73]吴启焰，崔功豪. 南京市居住空间分异特征及其形成机制［J］. 城市规划，1999（12）：23-26，35-60.

[74]谢文蕙，邓卫. 城市经济学［M］. 北京：清华大学出版社，1997.

[75]许学强，等. 广州市社会空间结构的因子生态分析［J］. 地理学报，1989（4）：385-399.

[76]许学强，周一星，宁越敏. 城市地理学［M］. 北京：高等教育出版社，1999.

[77]许学强. 城市地理学［M］. 北京：高等教育出版社，1996.

[78]王兴中. 中国城市社会空间结构研究［M］. 北京：科学出版社，2000.

[79]万勇，王玲慧. 城市居住空间分异与住区规划应对策略［J］. 城市问题，2003（6）：76-79.

[80]吴建峰. 我国城市住宅价格研究［J］. 城市开发，2002（2）：38-39.

[81]利维. 现代城市规划［M］. 张景秋，译. 北京：中国人民大学出版社，2003.

[82]姚士谋. 中国大都市的空间扩展［M］. 合肥：中国科学技术大学出版社，1998.

[83]杨德昭. 新社区与新城市（住宅小区的消逝与新社区的崛起）［M］. 北京：中国电力出版社，2006.

[84]于海主. 城市社会学文选［M］. 上海：复旦大学出版社，2005.

[85]于一凡. 新加坡的居住环境设计［J］. 城市规划，2001（2）：49-51.

[86]中国城市规划设计研究院，建设部城乡规划司. 城市规划资料集：第2分册：城镇体系规划与城市总体规划［M］. 北京：中国建筑工业出版社，2005.

[87]中国城市住宅问题研究会，住宅社会学学术委员会. 住宅社会学导论［M］. 合肥：安徽人民出版社，1991.

[88]周岚，叶斌，徐明尧. 探索住区公共设施配套规划新思路——《南京城市新建地区配套公共设施规划指引》介绍［J］. 城市规划，2006（4）：33-37.

[89]张大维，陈伟东，等. 城市社区公共服务设施规划标准与实施单元研究——以武汉市为例［J］. 城市规划汇刊，2006（3）：99-105.

[90]张文忠，刘旺. 北京市住宅区位空间特征研究［J］. 城市规划，2002（12）：86-89.

[91]张文新，朱良. 中国大城市人口居住郊区化现状与对策［J］. 北京师范大学学报（自然科学版），2003（6）：417-421.

[92]郑国. 开发区职住分离问题及解决措施——以北京经济技术开发区为例

[J]. 城市问题，2007（3）：12-15.

［93］朱亚鹏. 住房制度改革：政策创新与住房公平［M］. 广州：中山大学出版社，2007.

［94］周林洁. 德国住房保障制度值得借鉴［J］. 城市开发，2003（6）：22-24.

［95］周一星. 北京的郊区化及引发的思考［J］. 地理科学，1996（3）：198-206.

［96］周一星，孟延春. 北京的郊区化及其对策［M］. 北京：科学出版社，2000.

［97］ADELMAN C, JENKINS D, KEMMIS S. Re-thinkings case study: notes from the second Cambridge conference[M]. London: Cambridge Journal of Education, 1977.

［98］ANAS A, AROTT R J. The Chicago prototype housing market model with tenure choice and its policy applications[J]. Journal of Housing Research Volumes Lssure1, 1994.

［99］ALONSO W. Location and land use: towards a general theory of land rent[M]. London: Harvard University Press, 1964.

［100］ANDERSEN H S, LEATHER P. Housing renewal in europe[M]. Bristol: Policy Press, 1999.

［101］ANGEL S, ARCHER R W, et al. Land for housing the poor[M]. Thailand: Craftsman Press, 1983.

［102］BARLOW J, DUNCAN S. Success and failure in housing provision: european systems compared[M]. Oxford: Butterworth-Heinemann, 1994.

［103］BASSETT K, SHORT J. Housing and residential structure: alternative approaches[M]. London: Routledge & K. Paul, 1980.

［104］BOURNE L S. Internal Structure of the City, Oxford University[M]. New York: Oxford University Press, 1971.

［105］BRAMLEY G, MUNEO M, PAWSON H. Key issues in housing: policies and markets in 21st-century Britain[M]. Basingstoke: Palgrave Macmillan, 2004.

［106］CASTELLS M. Urban questions: a marxist approach[M]. Cambridge: MIT press, 1997.

［107］COOKE P. Localities: the changing face of urban Britain[M]. London: Routledge, 1990.

［108］CLOUGH R, et al. Housing Decisions in Later Life[M]. New York: Palgrave Macmillan, 2004.

［109］FROBEL F, EINRICHS J, KREYE O. The new international division of labour:

structural unemployment in industrial countries and industrialization in developing countries[M]. Cambridge: Cambridge University Press, 1980.

[110] GREGORY D. Squires. Urban sprawl: causes, consequences & policy responses[M]. Washington, D. C.: Urban Institute Press, 2002.

[111] HARLOE M. The People's home?: social rented housing in Europe & America[M]. Oxford, UK Cambridge, USA: Blackwell, 1995.

[112] HARLOE M, Pickvance C G, Urry J. Place, police and politics: Do localities matter? [M]. London: Unwin Hyman, 1990.

[113] HARVEY D. Social Justice and the City[M]. London: Edward Arnold Ltd, 1973.

[114] HEALEY P, et al. Rebuilding the city: propertyled urban regeneration[M]. London: Spon, 1992.

[115] HOLMES C. A new vision for housing[M]. London: Routledge, 2006.

[116] HOYT H. The structure and growth of residential neighbourhoods in American cities[M]. Washington: Homer Hoyt Associates, 1968.

[117] JACOBS J. Survival System: a dialogue on the moral foundations of commerce and politics[M]. New York: Random House, 1992.

[118] JACOBS K, et al. Social constructionism in housing research[M]. Aldershot: Ashgate publishing Ltd, 2004.

[119] LEFEBVRE H. The Production of Space[M]. translated by NICHOLSON-SMITH D, 1991. UK: Blackwell Publishing, 1974.

[120] O'FLAHERTYl B. Making room:the economics of homelessness[M]. Cambridge:Harvard University Press, 1996.

[121] POWER A. Hovels to high rise: state housing in europe since 1850[M]. London New York: Routledge, 1993.

[122] PRITCHARD R M. Housing and the spatial structure of the city[M]. Cambridge: Cambridge University Press, 1976.

[123] ROBSON B T. Urban social areas[M]. Oxford: Oxford University Press, 1975.

[124] SCHILL M H. Housing and ccommunity development in New York city[M]. Albany: State University of New York Press, 1999.

[125] WYNN M. Housing in europe[M]. New York: St. Martin's Press, 1984.

[126] YIN R K. Case study research: design and methods[M]. California: Sage Publications, 2003.